자유의 의미에 대하여

IMPRIMATUR
† Petrus Chung
Archiepiscopus Seoulensis
Seoul, die 4 July 2022

Vom Sinn der Freiheit

by Emerich Coreth

Korean tr. by Rev. Kim, Jin-tae

Printed in THE CATHOLIC UNIVERSITY OF KOREA PRESS
296-12 Changgyeonggungro, Jongno-gu, Seoul, 03083, Korea

Vom Sinn der Freiheit

자유의 의미에 대하여

에머리히 코레트 지음
김진태 옮김

가톨릭대학교출판부

목
차

자유와 대립되는 필연

신神에 대한 통로로서 의미 물음?

/서/언/

이 책은 자유의 철학을 전개하기 위한 것이 아니라, 오직 자유의 철학을 펼쳐 나가기 위해 쓴 글들을 제공하기 위한 것입니다. 제목은 의도적으로 이중의 의미를 담고 있습니다. 우선 책 제목은 이미 자유가 도대체 무엇을 의미하는지 묻게 합니다. 곧 우리는 자유라는 말을 할 때 무엇이라고 이해합니까? 사상사 안에서 사람들은 그것을 무엇이라고 이해하고 해석했습니까? 더 나아가 책 제목은 동시에 그것을 넘어 실제적인 자유 실행의 의미가 무엇인지 묻게 합니다. 곧 우리는 무엇에서 자유롭고 무엇을 위해서 자유롭습니까? 무엇을 향해 우리는 자유로운 존재입니까? 인간은 자신의 자유의 의미를 어떻게 발견하고 실현합니까?

첫 번째 글 '사상사 안에서 자유'에서 우리는 제일 먼저 그리스의 자유관自由觀을, 그리고 나서 그리스도교의 자유관과 근대 철학의 자유관을 하나하나 추적해 갑니다. 여기서 우리는 개념사概念史 내지 문제사적問題史的 근원과 변천 과정을, 그리고 자유를 그렇게 이해하는 가운데 변함없이 유지되는 타당한 내용을 제시하려 합니다.

두 번째 글 '자유와 대립되는 필연'에서는 그리스적 필연과 그리스도교적 자유 사이의 긴장 관계를 다룹니다. 역사를 살펴볼 때, 모든 것을 지배하는 필연에 대한 그리스적 사고가 거듭 그리스도교 공간 안에 침투해 들어와 참된 자유를 위협합니다. 여기서 문제는 단순히 인간의 자유가 아니라 오히려 하느님의 자유 안에 있는 '인간 자유의 조건과 전제'입니다. 하느님의 자유만이 우리를 자유롭게 해 주고 자유 공간을 창조해 줄 수 있습니다.

세 번째 글 '신神에 대한 통로로서 의미 물음?'은 의미, 의미 수락, 의미 실현이 무엇을 의미하는지 하는 물음을 다룹니다. 의미를 추구하는 것이, 철학적으로 반성할 때, 최종적이고, 항상 이미 전제되어 있고, 무조건적으로 지탱해 주고, 감춰져 있는 '의미의 근거'에 대한 생각으로 우리를 이끌어갈 수 있습니까?

문제사적-철학적 시도를 하는 이 작은 책자가 인간 자유의 의미가 본래 무엇이고 무엇이어야 하는지 해명하는 데 도움이 되었으면 좋겠습니다.

에머리히 코레트

사상사 안에서 자유

자유는 인간의 자기이해가 드러나는 기본 개념이며, 특히 그리스 철학 사상에서 출발하여 그리스도교 신앙 체계를 거쳐 근현대 철학에 이르게 된 서구 유럽의 사유思惟 전통의 기본 개념이다. 인간은 자신의 본질로 볼 때 자유로운 존재이고, 그 자체 자유롭도록 만들어진 존재이다. 그런 까닭에 인간은 자유로워지고 싶어 하고, 자유로워야 하며, 자유로운 존재가 되어야 하고, 자신의 자유를 실현하려 하는 존재, 자신의 자유를 실현해야 하는 존재이다. 하지만 이 말은 무슨 뜻인가? 모든 사람은 자유를 요구하지만, 이 자유라는 말을 서로 다르게 이해하곤 한다. 자유는 여러 가지 의미를 담고 있는 개념이고, 그래서 사람들이 오해하고 곡해할 위험에 노출되어 있기도 하다. 이 말을 명확히 설명하고 구별을 제대로 할 수 있기 위해 이 개념의 역사를 돌이켜 살펴보는 것이 도움이 될 수 있다. 하지만 우리는 인간 자유의 개념사概念史 또는 문제사問題史를 완전한 형태로 서술하려는 것은 아니며, 오히려 역사적 중요성을 지닌 가장 중요한 설명만을 하려 한다. 그러나 그냥 역사적인 관심에서만 다루지 않고 오히려 그 문제 자체에 관심을 두려 한다. 역사는, 특히 사상사는 오늘날 우리에게 제기되는 사실적인 문제를 해명하는 데 도움이 되지 않는다면 무익하고 쓸모없는 것이 된다. 현대의 문제들은 정말이지 숙고하고 구별하고 세분하는 사유의 역사에서 많은 도움을 받을 수 있다. 사유의 역사는 방향을 제시해 주는 통찰력 있는 기초적인 생각들을 중개해 준다. "미래 없는 과거는 죽은 것이고, 과거 없는 미래는 눈먼 것"이라는 말이 여기에도 해당된다.

I. 그리스 철학 사상 안에서 자유

가. 고대사에서 속박과 자유

서양의 자유 의식의 원천에 대해 알아보려면 그리스 철학을 돌이켜 살펴보지 않고 달리 어떻게 할 수 있겠는가? 이 지점에서 우리는 어떤 드문 현상에 부딪히게 되는데, 그것은 고대 그리스 역사에서 사람들이 자유에 대해 별다르게 언급하지 않았다는 것이고, 그래서 명시적인 자유 의식에 대해서는 (간단히 말해서) 코스모스Kosmos, 폴리스Polis, 노모스Nomos 등 세 가지 간접적인 사상사적 주변 환경을 통해서야 비로소 파악할 수 있다는 것이다.

코스모스

코스모스는 단순히 우주와 세계 사건의 질서, 조화, 아름다움만을 의미하지 않고, 오히려 그 안에서 지배하고 있는, 자유에 대한 의식을 억누르고 거의 질식시키는 필연도 의미한다. 사실 죄와 속죄에 대한 초기 증언들도 이미 발견되고 있지만, 그것은 개별적인 자기 잘못에서 오는 죄라기보다, 오히려 운명적인 잘못으로 인한 것이면서도 가차 없는 속죄를 요구하는 죄이다. 초기 그리스 철학에서 전래하는 첫 문헌에, 곧 아낙시만드로스(대략 기원전 600년경)의 말에 이미 그런 생각이 등장한다. 아낙시만드로스는 만물이 "거기서" 생겨나고 "그곳으로" 소멸해 가는 '만물의 아르케(arche, 근원)'가 아페이론(apeiron, 무한정자無限定者)이라고 했는데, 왜냐하면 "만물은 시간의 질서(또는 지시)에 따라 저지른 불의에 대해 서로 벌과 벌금을 지불하기"[1] 때문이다. 생성과 소멸이 죄와 속죄로 해석된다.

아주 일반적으로 그리스 사람들의 자기이해를 특징짓는 생각이 여기서 그 바탕에 놓여 있는데, 그것은 피할 길 없는 운명(moira, heimarmene)의 '모든 것을 지배하는 궁극적인 필연 ananke'에 대한 생각이다. 신화적 사고에서 나온 그런 생각은 항상 새롭게 등장하는데, 그것이 소포클레스와 에우리피데스의 그리스 비극의 기본 주제가 되며, 그리스 철학에서도 표명된다. 플라톤도 "신들조차 필연과는 싸우지 않는다."[2] 고 말한다. 그렇다고 인간 행위가 자유의지적이지hekon 않다는 말은 아니다. 오히려 그 반대로 자유롭고 책임 있는 행위가 전제되어 있는데, 하지만 그것은 가차 없는 운명이 지시를 내릴 때, 피할 길 없는 속죄를 역시 요구하는 운명적 죄에 연루된다. 코스모스적 필연은 여기서 압박하는 힘으로 우위를 점하고 있고 그래서 인간 자유는 아직 시야에 들어올 수 없다. 인간 자유는 모든 것을 지배하는 필연에 종속된 채로 있다. 과제는 운명에 순응하는 것이다. 역사적으로 근대 철학에까지 영향을 미친 그런 생각은 스피노자나 헤겔의 경우처럼 자유가 더 상위에 있는 필연으로 지양되는 곳 어디에나 존재한다. 우리가 깍듯이 순응해야 하는 하이데거의 "존재의 역사적 운명"Seinsgeschick도 그리스 초기 사유처럼 생각하는 것이라고 할 수 있다.[3)]

폴리스

코스모스적 질서는 자신의 모상模像과 (인간을 위한) 자신의 구체적인 형태를 그리스 도시국가를 의미하는 폴리스 안에서 발견한다. 국내 정치적 영향을 남기지 않은 페르시아 전쟁을 혹시 예외로 한다면 그리스 사람들의 국가에 대한 의식은 존재하지 않았다. 결정적으로 자기이해에 영향을 미친 것은 여전히 개별 폴리스였는데, 그들은 폴리스를 인간적인 생활 공간, 행동과 태도를 위해서도 규범적으로 앞서 주어져 있는 생활 공간으로 경험하였다. 이 공간 안에 자유의 본래 자리가 있고, 여기서 자유는 명백하게 의식된다. "자유롭다"eleutheron, "자유"eleutheria 등은 근원적으로 "폴리스-개념들"로 보인다. "고향에 속하고, 고향에 편입되어 있고, 고향에 의해 보장받고, 지켜지고, 보호받는 것"이 "자유롭다"eleutheron.[4)] 따라서 "엘레우테리아"(자유, eleutheria)는 우선적으로 그런 고향을 제공해 주는 자유 도시의 특성이다. 곧 그것은 외부 세력의 지배가 아니라 자기 자신의 지배 아래 있는 자유 도시의 특성이다. 그것은 또한 그런 도시 안에서 고향과 안전, 권리와 의무를 가지는, 또 그래서 그런 도시의 "자유"eleutheria에 참여하는 시민들의 특성이다. 나중에 와서 비로소, 사회-정치적 발전의 영향을 받아서 "자유인들"eleutheros과 "종들"doulos, 곧 도시의 "자유로운" 시민들과 "자유롭지 못한" 노예들 또는 전쟁 포로들이라는 대립 개념이 생겨났는데, 이들 노예들 또는 전쟁 포로들은 온전한 시민권을 가지지 못했고 오히려 종속되어 있었으며, 극단적인 경우 사람이 아니라 소유물로 생각되고 취급되어 임의로 그 이용 가치에 따라 판매될 수 있는 존재이기도 했다.5)

따라서 "엘레우테리아"는 법적-정치적 개념인데, 오늘날의 국가 정치나 세계 정치라는 의미에서가 아니라, 고향처럼 안락한 폴리스와 관련되어 있다는 의미에서 "정치적" 개념이다. 이 개념은 우리가 개인적, 도덕적으로 책임 있는 의지의 자유나 결단의 자유라고 부르는 것과는 전혀 관계가 없다. 그렇다고 "엘레우테리아"가 완전히 가치 중립적이라거나 윤리적으로 아무래도 좋은 것이라는 말은 아닌데, 그것은 이미 폴리스 자체가, 그 목표와 과제가 시민들이 인간적-도덕적 발전과 완성을 이루도록 돕고, 결국 모든 도덕적 추구의 목표인 참된 행복eudaimonia에 이르도록 돕는 것인 어떤 윤리적인 것, 인간의 행위나 태도를 위해 규범적인 것으로 이해된다는 사실만 봐도 그렇다. 참된 행복은, 철학 학파들이 다양함에도 불구하고 이에 구애받지 않고 그리스 윤리학 전체에서 도덕성의 목표로 이해되었는데, 하지만 그것은 의미와 규범을 주는 폴리스 공동체와 결합되어 있었다.

노모스

이 사실이 그리스 사유의 아주 근원적인 개념 중 하나인 노모스(법, nomos)라는 말에 잘 표현되어 있다. 코스모스 안에서 "아낭케"(필연, ananke)인 것이 폴리스 안에서 "노모스"이다. 오직 좋고 의로운 법들을 가진 국가, 이를 통해 영도되는 국가가 좋은 국가이다. 그렇다면 이 사실도 유효하다. 곧 법(노모스)이 강할수록 도시국가(폴리스)는 더 좋고, 그럴수록 자유(엘레우테리아)는 더 크다는 것이다. 따라서 엘레우테리아는 폴리스에 편입되고, 노모스에 종속되며, 말하자면 법의 의무적 규범 아래 놓여 있다. 결국 그것은 정치적인 차원만이 아니라 (바로 그 안에서) 본래의 윤리적인 차원도 가진다.

아주 이른 시기에 이미, 사회적-정치적 위기 상황에서, 아테네에는 (기원전 600년경) 솔론이 입법자로 등장했다. 그리고 그리스 도시들에는 다른 입법자들이 이와 비슷하게 등장했다. 폴리스들은 노모스를 요구한다. 하지만 정치적 법들만 선포된 것이 아니라, 사람이 어떻게 올바르게 행동해야 하는가 하는, "생활의 지혜"에서 나오는 도덕적 지침들도 제공되었다. 이미 (솔론뿐 아니라 밀레토스의 탈레스도 그 가운데 하나였던) 일곱 현인들뿐 아니라, 헤라클레이토스 같은 그리스 초기 철학자들, 후대 데모크리토스를 비롯한 여러 철학자들, 특히 (기원전 4-5세기에) 소피스트들이 그런 것을 제공했다. 사실 소피스트들은 부분적으로 모든 참된 것, 도덕적으로 좋은 것을 실천적으로 유용한 것으로 상대화하는 경향을 보이지만, 특히 프로타고라스와 그의 학파가 그랬지만, 그들은 결정적으로 도덕적 행위에 대해 반성하는데 크게 기여했고, 법의 유래와 타당성에 대한 물음도 제기했으며, 인간의 입법을 이에 앞서는 자연법의 규범에 환원하기도 했다. (이미 기원전 5세기) 소피스트인 안티폰에게서 인간의 법들은 "합의된 것"homologethenta이고 필연적인 것이 아니지만, 자연physis의 법들은 "자라난 것"(phynta: 피시스Physis에서 성장한 것)이어서 필연적이라는 말이 전해진다(Fr. 87, B 44). 이에 더해 옛 헤라클레스 신화는 쉽고 어려움 없는 삶이냐 아니면 수고롭고 어려움에 가득 찬 삶이냐 사이에서 갈림길에 있다. 이 신화는 그리스 교육 제도에서 핵심적인 중요성을 가졌다. 이 모든 사실에서, 도덕적 결단과 책임의 전제

조건으로서의 자유에 대한 반성이 들어서기 이미 오래전에 두드러진 도덕적 의식이 있었다는 결론이 나온다.

그 누구보다도 소크라테스는 도덕의식의 큰 증인이 된다. 그는 양심의 소리를 명시적으로 발견한 첫 번째 사람으로 이 양심의 소리에서 무조건적으로 타당하고 구속력 있는 것, 그래서 신적인 것daimonion을 경험하게 된다. 그는 도덕적 당위의 의무가 다른 어떤 가치에 의해서도 폐기되거나 상쇄될 수 없다는 것을 인식한다. 하지만 내적 양심은 (진정 그리스적으로 사유할 때) 그에게 있어서 국가의 외적인 법들과 대립하지 않고 오히려 법에 복종하고 심지어 법을 위해 죽음을 감수해야 할 의무를 지웠다. 부당한 일을 행하는 것보다 부당한 일을 당하고 감내하는 것이 더 낫다. 도덕적 자유에 대한 의식은, 그 자체 도덕적 크기로 경험되고 인정된 폴리스 공동체와(그리고 폴리스의 공익과) 철저하게 같이 결합되어 있다.

엘레우테리아

1. 하지만 이를 위해서는 도시와 그 시민들의 정치적 자유가 요구되었다. 그런 의미의 정치적 자유라는 의미의 엘레우테리아가 그리스 사람들의 자유에 대한 의지의 전면에 자리 잡고 있었다. 도시국가들이 왕정에서 자치제로 넘어가

고, 군주제에서 참주제와 민주제로 넘어가는 것(기원전 8-6세기)이 이미, 실러의 「보증」Bürgschaft에 나오는 표현대로, "도시를 독재자에게서 해방시키라"는 모토, 곧 엘레우테리아의 모토 아래 이루어진다. 이것이 기본 분위기였는데, 물론 "독재자"tyrannos라는 말은 근원적으로 꼭 전제적 압제자일 필요가 없이 단순히 일인 지배자를 의미하는 것이었지만 오늘날 우리가 이해하는 것과 같은 의미의 "독재자"가 될 수 있는 말이었다. 문제는 온전한 권리를 지닌 '폴리스의 시민들'의 자유다.

더 나아가 (기원전 5세기) 페르시아 전쟁은 자유를 위한 싸움이 된다. 이 싸움으로 그리스 도시들은 이전에도 없었고 이후에도 없었던 유일무이한 일을 하게 되는데 그것은 그리스 도시들이 서로 의형제를 맺고 외부 세력에 의한 종살이에 맞서 자신들의 자유를 위해 공동으로 싸움에 참가하는 것이었다. 헤로도토스는 전투에 나서는 전사들에게 촉구하는 내용을 이렇게 보도한다. "지금 우리는 운명적으로, 자유인이 되어야 할지 노예가 되어야 할지를 정하는 결단 앞에 서 있다."6) 엘레우테리아는 외부 세력의 지배에 맞선 공동 원의, 공동 전투 구호의 주도적인 동기가 된다. 그럼 여기서 자유는 무엇을 의미하고 어떻게 실현되는가?

2. 페르시아 전쟁, 곧 자유의 승리 이후 곧바로 그리스 도시들은 다시 갈라지고 서로 참혹하게 싸움을 벌인다. 그것은 무엇보다 아테네와 스파르타의 주도권 싸움이었다. 그 배후에는 권력이나 무역에 대한 관심과 함께 엘레우테리아에 대한 서로 다른 생각도 자리 잡고 있었다. 도리스의 스파르타에서는 엘레우테리아가 외부를 향한 정치적 자유, 외부 세력의 지배에서 독립하는 것을 의미했다. 내적인 자유, 개인의 고유한 자유 같은 것은 없었다. 스파르타는 하나의 진영陣營, 엄격한 규율을 가진 유일한 군부대였다. 모든 것을 국가가 규정하고 명령했다. 사적인 삶과 가족의 삶, 개인의 발전, 결단, 책임 따위를 위한 자리는 여기 아무 데도 없었다. 개인적이고 개별적인 것은 모두 전체의 공익에 봉사해야 했다. 아티카의 아테네는 이와 달랐다. 여기서 엘레우테리아는 외부를 향한 자유만을 의미하지 않고, 폴리스 내부에서의 자유도 의미했다. 페리클레스는 '외부 세력의 지배에 종속되지 않을 뿐만 아니라 자기 시민들에게도 그들의 자치권을 보장하고, 도시의 문제들에 대해 동등한 권리로 함께 결정하는 것을 보장하는 자유로운 국가'라는 강령을 선포한다. 사실 여기에서도 개인은 공익에 봉사해야 하고, 지켜야 할 법과 법률을 가져야 하지만, 국가는 가능한 한 시민들의 사적 영역에 개입하지 말아야 한다. 이것이 "자유" 국가의

이상으로, 현대 민주주의의 모범이 되었다.

사실 페리클레스 때 아테네는 이로써 전성기를 맞게 되었다. 하지만 곧바로 그런 민주주의의 어두운 그늘도 드러났다. 많이 토론된 문제가 이미 당시에 제기되었는데, 그것은 평등하지 않은 것을 평등하다고 하는 것이 정당한지, 국가 안에서 재능이나 교육, 경험, 통찰, 책임이 엄청나게 다른 다양한 사람들에게 평등한 권리를 부여하는 것이 정당한지, 민주주의적 자유의 온전한 평등성이 전체의 안녕에 이바지하는지, 아니면 오히려 무질서와 파멸로 몰고 갈 수밖에 없는 것은 아닌지, 무엇보다도, 법(노모스)과 결합되지 않은 자유(엘레우테리아)가 가능하고 옳은지, 자유는 선善 및 의義와의 내적이고 책임감 있는 결합을 요구하는 것은 아닌지 하는 것이다. 이 물음들은 그 당시에 이미 제기되었고, 얼마나 "정치적인" 자유가 "윤리적인" 자유와 결합되어 있는지, 그것이 얼마나 윤리적인 자유에 종속되어 있고 그럴 때만 성공할 수 있는지를 잘 보여준다.

3. 이 모든 사실은 그리스 문학에 명확하게 표현되었다. 우리는 단지 그것을 지적할 수 있을 뿐이다. 역사가 헤로도토스와 투키디데스는 사실을 있는 그대로 묘사하려고 온갖 노력을 기울이는 가운데 그리스의 역사에서, 특히 페르시아

인들과 맞서 싸운 전쟁에서 참된 엘레우테리아를 위한 유일무이한 싸움을 보고 있다. 그것은 고전 극작가들의 경우에도 마찬가지였다. 우리는 아이스킬로소에게서 다음과 같은 외침을 듣는다. “그리스의 아들들아 전진하라! 조국을 해방시키고, 아이들과 아낙들을, 너희 신들의 거처와 조상들의 무덤들을 해방시켜라! 이 모든 것을 위해 전투가 벌어진다!” 그러나 아테네 여신은 “누가 과연 두려움을 잊고 권리를 지켜주겠는가?” 하고 진지한 권고의 말을 하기도 한다. 민주주의적 자유에 대한 쓰라린 경험도 한몫하면서 사람들은 자유에 대한 생각을 내면화하게 되고, 그럼으로써 자유인과 노예의 법적 대립을 정신적으로 상대화하기에 이른다. 소포클레스는 “육체가 노예가 되었어도, 정신은 자유롭다.”고 거듭 강조한다. 그리고 에우리피데스는 “노예들에게는 자주 노예라는 이름만이 욕될 뿐이다. 정신은 노예가 아닌 사람들보다 더 자유롭다.”고 말한다. 그런가 하면 다음과 같은 말도 있다. “사멸하는 존재 가운데 아무도 자유롭지 않다는 말은 맞다. 그는 금세 돈이나 운명의 종이 되고, 금세 대중이나 법이 그를 그 자신이 통찰한 대로 행동하지 못하게 방해한다.”

한편으로는 엘레우테리아가 신이 선사한 고귀한 재산이라고, 이를 위해 무엇이나 바칠 가치가 있고, 심지어 생명까지 희생할 가치가 있다고까지 찬양하는가 하면, 다른 한편으로는 반대로, 많이 찬양받은 아테네 민주주의의 자유가 희극들 안에서 온갖 욕설과 조롱에 내쳐지기에 이르기까지, 자유가 온통 자기 마음대로 사는 방면放免, 제멋대로 방자하고 자유분방하게 사는 해방 증서인 듯이 무리한 요구를 한다고 날카롭게 책망하는 일이 거듭 반복된다. 폴리스의 엘레우테리아는 노모스를 요구한다. 그것은 개인의 태도가 전체의 안녕을 위해 승복해야 하는 구속력 있는 법적 도덕적 규범들과 결합되어 있어야 한다.

나. 소크라테스에서 플라톤까지

선을 행함

소크라테스에게서 처음으로 **도덕적 자유**sittliche Freiheit 개념이 등장한다. 크세노폰의 증언에 따르면, 소크라테스는 참된 자유가 “가장 좋은 것을 행하는”prattein ta beltista[7] 데 성립한다고 말한다. 이것은 아주 괄목할 만한 말이다. 그것은 크세노폰이 우리에게 전해준 말인데, 크세노폰은 소크라테스의 가르침을 자신의 의미로 이미 해석하고 있는 플라톤보다 소크라테스와 그의 가르침을 더 믿을 만하게 전해준다. 여기에 “엘레우테리아”라는 말이 등장하는데, 이 말은 대부분, 거의 배타적으로 법적-정치적 자유로 이해되었다. 그런데 소크라테스에게서는 이 말이 분명하게 윤리적인 의미로, 단순히 좋은 것이 아니라 가장 좋은 것, 가능한 한 제일 좋은 것을 행하는 것이라는 뜻을 담고 있다. 자유는 임의로 자기 마음대로 사는 방면放免과는 완전히 다른 것이고, 오히려 좋은 것, 심지어 가장 좋은 것을 행할 수 있는 능력과 책임이다.

이런 생각을 플라톤은 받아들이고 철학적 반성을 통해 심화한다. 정말 충격적으로, 동시에 풍부한 상상력을 담은 아이러니의 화법으로 그는 『국가』*Politeia* 8권에서 당시 자유를 누리는 도시의 모습을 이렇게 묘사한다. "모든 사람이 자유롭고eleutheroi, 도시는 온통 자유eleutheria와 자유분방으로 가득하다. 모든 사람이 자기가 원하는 것을 아무 방해도 받지 않고 할 수 있다."(557b). 법은 지켜지지 않고, 법원 판결은 내려지지 않는다. 이기심, 탐욕과 권력욕, 정치적 자의恣意, 도덕적 문란이 도시를 지배하고 타락과 몰락에 빠트린다(557-564). 이 모든 것이 엘레우테리아의 이름으로 이루어진다. 민주주의적 자유가, 제공된 화려한 물품을 각자 자기 마음에 드는 대로 임의로 고를 수 있게 진열된 "고물가게"가 되었다(557b). 여기서 플라톤은 자기 고향 민주주의 도시 아테네에서 이루어지는 모든 질서의 몰락에 대해 생생하게 묘사한다. 그는 무정부 상태의 혼란anarchia이 이제 자유eleutheria

라고 불린다고까지 말한다(560b).

그럼 그런 몰락의 이유는? 민주주의에서 최고의 선善으로 평가되는 것은 무엇인가? 대답은 이렇다. "자유eleutheria. 이것이 민주주의의 가장 아름다운 소유물이라고, 그래서 본성적으로 자유로운 사람physei eleutheros은 민주주의에서 살 자격이 있다고, 당신은 그런 말을 민주주의 도시에서 계속 듣게 될 것이다."(562b f.). 이 모든 것은 페리클레스에게 거슬러 올라간다. 그는 자유를 이상理想으로 들어 높였는데, 이때 그는 자유가 전적으로 규율 및 법규와 결합되어 있다고 이해했었다. 하지만 그런 가운데 그의 이상은 전도되었다. 그래서 모든 사람은 '누구나 아무 속박 없이 자유롭길 바란다. 누구나 자기가 원하는 것을 자기 마음대로 하길 바란다.'고 말한다. 아테네의 귀족이었던 플라톤은 당시 민주주의의 횡포에 대해 대단히 비판적이었다. 그는 지나치게 큰 자유는 만일 자유가 자제의 삶을 통해 법과 질서와 결합된 채로 있지 않다면 공동체를 와해시키고 타락과 몰락을 가져온다고 반론을 제기한다. "지나친 자유eleutheria는 개인에게나 공동체에게나 지나친 종살이doulia를 가져온다."(564). 내적인 구속과 자제 없이 펼쳐지는 자유는 무절제한 욕정의 종살이를 가져오고, 공동체를 무질서와 몰락의 혼돈에 빠트린다.

선善[좋은 것]의 필연성

그럼 플라톤은 자유의 본질을 어떻게 긍정적으로 이해하는가? 이미 소크라테스는 참된 자유가 "가장 좋은 것을 행하는" 데 있다고 말했다. 단서가 되는 이 말을 플라톤은 수용하고 계속 발전시킨다. 사실 플라톤에게도 "엘레우테리아"는 무엇보다도 폴리스의 법적 자유, 폴리스 안에서의 법적 자유, 다시 말해 자유 도시와 그 도시의 자유로운 시민들의 법적 자유를 의미했다. 하지만 바로 플라톤은 (그리고 플라톤을 따라 아리스토텔레스도) 폴리스를 본질적으로 도덕적 생활 공동체로 이해했다. 따라서 자유는 선善(Agathon)과 관련되어 있다. 선한 생활 태도로서의 덕은 "자유인에게 맞갖은" 존재 방식이다(Alk. 135c). 선이 오로지 그 자체가 목적인 것처럼, 자신의 행위가 오직 선에 의해서만 인도된 사람은 진정으로 자유롭고 자율적인 사람이다. 덕이 지배하는 도시가 자유로운 것처럼, 선에 대한 지식으로 하등한 '영혼의 힘들'을 장악하는 영혼, 곧 이성에 따라 자제할 줄 아는 영혼도 자유롭다(Pol. 577e). 자유는 선을 위한 능력으로 규정되었다. 그것은 온전한 독립성에 있지 않고, 오히려 더 좋은 것에 확고하고 충실하게 머무는 데 있다(Phaid. 62d). 선은 자유의 필연이다.

이미 플라톤은 (나중에 토마스, 칸트, 헤겔 등의 철학 전통에서처럼) 자유와 필연을 "매개하려는" 노력을 기울였다. 선이 필연적으로 자기 자신을 원하기 때문에 그 자체로 자유롭기도 하고 필연적이기도 한 것처럼, 인간 삶은 동시에 '자유로운 선택'과 '선의 필연'에 의해 규정되어 있다. 자유는 자신의 고유한 결단을 위한 능력이기만 한 것이 아니라, 신神이 정해준 최고의 가능성을 원하면서 수락해야 하는 내적 필연이기도 하다(Pol. 620d f.). 여기서 자유와 필연이 일치한다. "이성이 다다른 영혼의 필연(아낭케, ananke)은 모든 필연적인 것 가운데서 월등히 가장 큰 필연이다. 왜냐하면 아무 것에도 지배받지 않고 자신이 지배하면서 이성은 영혼의 입법자이기 때문이다. 영혼이 최고의 지식에 따라 가장 좋은 것을 원하면 이성에 부합하는 것이 완성되고 변함없게 된다. 어떤 강철도 이보다 더 단단하고 불굴의 성질을 가진 것은 없다."(Epin. 982b f.). 모든 것을 지배하는 이성을 통해 자유는, 가장 좋은 것을 행하는 가운데 자기 자신의 필연에 도달한다.

플라톤이 의지의 자유에 대해서는 주제적으로 반성하지 않은 만큼(그것은 아리스토텔레스에 와서 비로소 다뤄진다.), 그의 생각은 이미 미래에 발생하게 될 문제들, 곧 자유와 공익, 자유와 운명, 자유와 필연, 특히 자유와 '선과 결합된 도덕성' 등과 같은 폭발성 있는 문제들을 잔뜩 포함하고 있다. 이로써 우리는 서양의 자유 의식의 기본 요소를 언급한 셈이다. 하지만 도덕적 행위의 전제로서 자유의지에 대해서는 아직 명시적인 반성이 이루어지지 않고 있다.

덕은 지식이다

1. 윤리적인 '의지의 자유'와 '선택의 자유'라는 의미에서 온전한 자유 의식은 선에 대해 아는 사람은 선을 행하기도 한다는, 사람들이 흔히 **"윤리적 주지주의"**ethischer Intellektualismus라고 부르곤 하는 주장에 의해 방해를 받아 다시금 새로운 전기를 맞지 못한다. 선을 아는 사람은 악하게 행동할 수 없는데, 그 이유는 "아무도 자유의지로 악하지 않기" 때문이라는 것이다. 도덕 행위는 올바른 지식으로 환원된다. 곧 덕arete이 지식episteme이다. 따라서 덕은 (지식으로서) 가르치고 배울 수 있다. 따라서 선을 택할 것인지 택하지 않을 것인지에 대한 도덕적 결단의 자유가 없어진 것처럼 보인다는 결론이 나온다. 이 지점에서 다시 운명의 필연에 대한 믿음이 나타난다. 운명의 필연을 인식하고, 그것을 선으로 인정하고, 그것을 순히 따르는 것, 이것이 참된 덕이다. 이는 근대 철학, 특히 스피노자와 헤겔에게까지 영향을 미친 생각이다.

그런 주장은 희극 시인 에피카르모스(기원전 500년경, 시칠리아)에게서 역사적으로 확인할 수 있는 형태로 처음 등장하는 것 같다. 그는 이렇게 말한다. "나는 모든 것을 오직 필연ananke으로만 행한다. 나는 어느 누구도 자유의지로hekon 악하거나poneros 재앙을 당하지atan echon 않는다고 믿는다."(Fr. 23, B 7). 다시 운명의 필연ananke이 등장한다! 그런데 "포네로스"poneros라는 말은 수고와 고통에 시달리는 물리적인 의미에서의 악도 의미할 수 있고, 윤리적인 의미에서 도덕적 악, 나쁨을 의미할 수도 있다. 마찬가지로 그 누구도 자유의지로hekon 가지지 않는 "아테"ate라는 것도 물리적인 의미의 재앙 또는 불행으로 해석될 수도(참조: 불행의 여신인 아테Ate), 윤리적인 의미의 죄와 파렴치로 해석될 수도 있다. 에피카르모스의 경우 물리적 의미와 가까워 보이며 적어도, 윤리적 의미를 배제하는 일 없이, 물리적 의미가 우선적인 것처럼 보인다.

2. 하지만 이 단어들에 대한 이후의 해석에서는 이와 다르다. 소크라테스가 아무도 자유의지로 악하지 않다고, 덕은 지식이라고, 악의는 무지에서 나온다고 가르쳤다는 사실을 역사적으로 볼 때 플라톤(Prot. 345d f. 등등)뿐 아니라 크세노폰(Memor. III, 9, 4-6)도 증언한다. 그리고 아리스토텔레스는 이 문제에 대해 비판적으로 논쟁해 나갈 때 명시적으로 소크라테스와 관련시켜 이야기한다(Nik. Eth. VI, 3,1144b 19 f., 29 f.). 여기

서 이 주장은 이론의 여지없이 분명하게 윤리적 의미를 가진다. 소크라테스를 이어받아 플라톤은 평생 이 문제와 씨름하지만, 이 견해를 결코 온전하게 극복할 수는 없었다. 초기 대화편들에서 그는 덕은 배울 수 있다는 입장을 취한다. 곧 그는 덕arete을 지식episteme으로 환원한다(Menon 87c ff. Prot. 345d f.; 360d ff. 등등). 그래서 용기는 무엇을 두려워하고 무엇을 두려워하지 말아야 하는지에 대한 지식이다(Lach. 194e f.). 절제는 사람이 무엇을 알고 무엇을 알지 못하는지에 대한 자기인식에 성립한다(Charm. 167a). 그 밖의 다른 덕들도 마찬가지이다. 이런 생각은 (『국가』*Politeia* 등등) 플라톤의 전성기 문헌에서는 철회되는 것 같지만, 후기 문헌에서는 명백하게 다시 되돌아온다. 『티마이오스』*Timaios*에는 아무도 자유의지로 악하지 않다kakos … hekon oudeis(86d)고 거의 에피카르모스의 말 그대로 나온다. 오직 여기에서는 "포네로스"poneros라는 말 대신 "카코스"kakos라는 말이 나오고, 이로써 그 맥락으로 볼 때 이 진술에 분명한 윤리적 의미가 부여될 뿐이다. 『법률』*Nomoi*에도 이렇게 나온다. "악한 사람은 비非자유의지로(자기 의지에 반해서) 그렇다kakos akon toioutos"(860d).

3. 아리스토텔레스는 비판적인 입장을 취하면서 앞에서와 아주 비슷한 문장을 다시 인용한다. "아무도 자유의지로 악

하거나 비非자유의지로(자기 의지에 반해서) 행복하지 않다."oudeis hekon poneros oud' akon makar(Nik. Eth. III, 7, 1113b 14 f.).[8)] 그는 "사람들이 말하듯이"라는 흔히 듣는 말을 근거로 이 말을 인용한다. 이 인용의 출처는 분명하지 않지만 적어도 문장 첫 부분은 에피카르모스의 말과 일치한다. 이 사실은 "아무도 자유의지로 악하지 않다. …"는 말이, 이와 유사한 플라톤의 진술들과 더불어, 거의 확실하게, 격언처럼 사용되는 통상적인 말투가 되어 버렸다는 증거가 된다. 그러나 아리스토텔레스는 여기에 덧붙여, 사실 아무도 비자유의지로 또는 의지에 반해서 행복하지makarios 않지만 악mochtheria은 어쨌든 자유의지에 따른 어떤 것이라고 말한다(16 f.). 그는 이 맥락에서 악mochtheria이라는 것을 의심의 여지없이 자유의지에 따른 결단에서 유래하는 도덕적 악으로 이해한다. 왜냐하면 그는 계속 "그렇지 않다면 우리는 인간이 자신의 모든 행위들의 원인arche ton praxeon이라는 사실을 부정해야 하겠기 때문이다."(18) 하고 말하기 때문이다.

말하자면 아리스토텔레스는 사람들이 나중에 "윤리적 주지주의"ethischer Intellektualismus라고 부른 소크라테스의 입장을 단호하게 거부한다. 윤리적 주지주의의 경우 도덕적 자유가 없어지고 만다는 반론은 사실과 부합하지 않는다고 근래에 사람들은 거듭 강조한다.[9)] 덕이 지식으로 환원된다면, 이때 지식은 순수 이론적-지적 인식으로 이해되어서는 안 되고, 오히려 자신의 고유한 통찰과 생생한 깨달음에 성립하는 인간적인 지식(어쩌면 실존적인 지식이라고 부를 수 있는 지식)으로 이미 이해되어야 한다는 것이고, 따라서 그 자체로 이미 동의를 포함하고 있다는 것이다. 오직 그럴 때에만 소크라테스와 플라톤은 정당성을 얻을 수 있다는 것이다. 하지만 우리는 이런 핑계 같은 말로 쉽게 넘어가서는 안 되며, 그런 주장에 대해 깊이 생각해 보고 올바로 바로잡아야 한다. 아리스토텔레스가 잘 이해하고 거부한 표현 그대로 이 주장에서 도덕 행위는 틀림없이 올바른 지식으로 환원된다. 심지어 선에 대해(선으로 인식된 것에 대해) 찬성하거나 반대하는 결단을 위한 자리가 조금도 남겨져 있지 않을 정도다. 우리에게 낯설게 보이는 이 주장은 사람이 인식하고 수락해야 하는 '모든 것을 지배하는 필연'에 대한 그리스 사람들의 믿음이라는, 우리에게 멀고 낯선 완전히 다른 지평에서 이해되어야 한다. 여기에 도덕적 행위의 과제가 있다.

따라서 우리는 선과 법과 덕에 대한 도덕적 의무가 분명히 인식되었지만 도덕적 결단의 진정한 자유는 그와 같이 명시적으로 의식되거나 특히 철학적으로 반성되지 않았다는 사실, 그것은 필연의 지평에 여전히 덮여 있었다는 사실을 확인할 수 있다. 이 지평을 뚫고 나가 도덕적 결단의 자유의

지란 의미의 자유 이론을 펼치는 것은 유일무이하고 사상사적으로 근본적인 의미를 가지는 아리스토텔레스의 업적이다. 이에 대해 더 자세히 살펴보기에 앞서 우리는 역사적으로 중요한 의미를 가지는 또 다른 진술을 살펴보아야 할 것이다.

다. 아리스토텔레스: 자기 자신을 위해서 있음인 자유

아리스토텔레스의 『형이상학』 1권에는 철학 전통의 자유 이해를 위해 여러 관점에서 방향을 제시해 준 문장이 하나 나온다. "우리는 한 인간이 다른 사람을 위해서가 아니라 자기 자신을 위해서hautou heneka 있을 때 자유롭다eleutheros고 말한다."(982b 25 f.). 이 말이 미친 영향을 어느 정도 살펴보기 위해서 우리는 이 말을 여러 차원에서 추적해 보아야 한다.

카우사 수이

우리가 '자기 자신을 위해서'라고 번역한 아리스토텔레스의 "하우투 헤네카"hautou heneka는 라틴어로는 **"카우사 수이"** causa sui라고 번역한다. 특히 토마스 아퀴나스가 아리스토텔레스를 수용할 때 그렇게 번역했다. 그의 형이상학 주석의 기초가 된 텍스트에 이렇게 적혀 있다. "다른 사람 때문이 아니라 자신 때문에 있는 사람이 자유로운 사람이다."homo liber qui suimet et non alterius causa est. 이에 대해 토마스는 이렇게 말한다. "다른 사람 때문이 아니라 자기 자신 때문에 있는 사람보고 우리는 본래 자유롭다고 말한다."Ille homo proprie dicitur liber qui non est alterius causa sed est causa sui ipsius(In Met. 1, 2). 이것이 바로 정의로 사용되는 익숙한 표현이다. 곧 자유롭다는 것은 카우사 수이liber est causa sui라는 것이다. 이 말이 토마스에게서 (그리고 다른 사람에게서도) 수시로 이렇게, 또는 이와 비슷하게 반복된다. 토마스가 이때 자기원인을 의미한 것도, 피히테에게서 볼 수 있는 '자아의 순수한 자기설정'을 의미한 것도 아니고, 오히려 인간의 자유로운 자기결정을 통한 행위의 산출을 의미했다는 것은 분명하다. 이때 토마스는 이 말을 이미 아리스토텔레스가 이야기한 바로 그 내용으로 이해했다. 곧 인간은 "행위들의 원인"arche ton praxeon(토마스의 말로는 "principium actionum")이라는 것이다. 이 사실이 "하우투 헤네카"hautou heneka라는 아리스토텔레스의 표현을 빌려 카우사 수이Causa sui 개념으로 언급되고 있다.

하지만 카우사 수이 개념은 단순히 자유에 대한 정의로만 머물지 않고 오히려 내용적으로 신神에 대한 정의定義 자체로까지 들어 높여졌다. 곧 스피노자가 그렇게 했는데, 스피노자는 "기하학적 방법"methodo geometrico으로 이루어진 합리주의적-연역적 체계인 자신의 『윤리학』*Ethik*의 바로 시작 부분에서 첫 번째 정의로 다음과 같은 말을 한다. "자기 자신의 원인, 곧 카우사 수이causa sui라는 말을 나는 그 본질essentia이 현존재existentia를 자신 안에 포함하는 존재, 또는 그 본성이 오직 존재하는 것으로만 생각될 수 있는 존재를 의미한다."(Eth. I, Def. 1). 이 진술도 만일 우리가 능동적인 산출이란 의미에서 (모순적인) 자기인과성自己因果性을 생각한다면 잘못 이해하게 된다. 그것은 인과적 자기설정이 아니라 오히려 절대적이고 원인 없는, 그래서 영원히 필연적인 '신神의 자기정초自己定礎'를 의미한다. 이를 통해 스피노자는 한편으로 안셀무스의 『프로슬로기온』에 나오는 그 유명한 신神 존재 증명에 대한 생각을 데카르트의 중개(Med. V, 7)를 통해 다시 수용하는데, 이에 따르면 신의 본질(또는 신 개념)로부터 신의 필연적 현존재를 추론할 수 있다고 한다. 이 생각은 칸트에 의해 "존재론적 신 존재 증명"이라는 이름으로 완강하게 반박되기에 이르기까지(KrV B 620-630)[덧붙여 말하면 비슷한 이유로 이미 토마스 아퀴나스도 이를 반박했다. S. th. I, 2, 1 등등] 합리주의 전체에서 새로운 의미를 얻게 된다. 하지만 스피노자가 여기서 카우사 수이 개념을 도입한다면 그것은 그가 다른 한편으로 신플라톤주의 전통에 뿌리박고 있다는 사실을 보여준다. 그의 철학의 범신론적이고 결정론적인 기본 특징은

합리주의적 사고의 결과이기만 한 것이 아니라 신플라톤주의 전통으로부터 유래한 것이기도 하다. 신플라톤주의에서는 플로티노스의 신적인 근원적 일자一者(Ur-Eine)를 "자기 자신의 근거"aitia heautou라고 불렀다. 신플라톤주의적 사고는 중세 유다교에서 계속 살아 있었고, 막강한 영향력을 발휘하고 있었는데, 신비주의적-종교적으로는 카발라Kabbala 안에서, 철학적으로는 특히 아비케브론Avicebron(Gabirol, 11세기 스페인)에게서였다. 스피노자도 신을 유일한 하나의 실체로서 카우사 수이라는 말로 부르고 정의하는데 이때 그는 그런 영향력 아래 있었다. 카우사 수이는 스피노자의 철학적 신 개념이 된다.

하이데거는 카우사 수이에 대해 이렇게 말한다. "철학에서 사람들은 신에 대한 합당한 이름을 카우사 수이라고 부른다. 이 신에게 인간은 기도할 수도 자신을 봉헌할 수도 없다. 인간은 카우사 수이 앞에서 경외하는 마음으로 무릎을 꿇을 수도 노래하며 춤출 수도 없다."[10] 물론 스피노자의 카우사 수이 앞에서 우리는 기도하거나 자신을 봉헌하거나 춤추거나 할 수 없을 것이다. 다시 말해 카우사 수이를 종교적으로 흠숭할 수 없을 것이다. 그러나 어떤 권리로 하이데거는 카우사 수이가 "철학에서 신에 대한 합당한 이름"이라고 말하는지 도무지 알 수 없다. 자기가 임의대로 그런 것이 아니라면 말이다. 하이데거의 말은 아무 근거가 없다. 고전적인 철학 전통에서 신은, 스콜라 철학의 "자기 자신에 의한 존재자"ens a se와 토마스 아퀴나스의 "존재 자체"ipsum esse에 이르기까지 다양한 개념으로 생각되고 정의되었다. 하지만 항상 자기 자신에 대한 절대적인 근거, 따라서 자기 자신에 대한 원인 없는 근거라고 생각되었지, 카우사 수이라고 표현된 적은 없었다. 스피노자에 와서 비로소 카우사 수이라고 불리는데, 하이데거는 이 문제에 있어서 놀랍게도 아무 비판 없이 스피노자를 따른다. 실제로 카우사 수이라는 말은 전체 사유 전통 안에서 다른 어떤 것을 의미했다. 곧 신에 대한 정의로서가 아니라, 인간 자유에 대한 정의로서 말이다.

수이 카우사

아리스토텔레스에게서는 이와 다른 것을 의미했다. 그리스어 "하우투 헤네카"hautou heneka는 "카우사 수이"causa sui보다는 **"수이 카우사"**sui causa로 번역하는 것이 더 낫다. 그럼으로써 "카우사"causa라는 말이 ('원인'이란 의미의) 명사가 아니라 ('때문에', '위해서'라는 의미의) 전치사로 이해되어야 한다는 사실이 더 분명해진다. 이 말은 인과적kausal 의미가 아니라 목적적final 의미를 가진다. 여기서 자유는 인간이 "자기 자신의 원인"이라는 것을 의미하지 않고 오히려 "자기 자신 때문에", "자기 자신을 위해서"라는 것을 의미한다.

이런 의미로도 아리스토텔레스의 개념은 사상사 안에 들어왔다. 『형이상학 주석』(I, 2)에서 볼 수 있듯이 토마스는, 물론 종종 "카우사 수이"라고도 말하지만, "수이 카우사"를 전적으로 그런 의미로 이해했다. 하지만 그런 "수이 카우사", 곧 "자기 자신을 위해서" 안에는 역사적으로 중요한 의미를 가진 통찰이 숨겨져 있다. 그런 통찰은 예컨대 인간이 인격체라는 것을 강조하면서 인간은 "목적 자체"이고 그래서 "단순한 수단으로 사용되어서는 안 된다"[11]고 하는 칸트에게서 다시 등장한다. 헤겔도 이와 비슷하게 다음과 같이 말한다. "나는 나 자신과 함께 있을 때 자유롭다."[12] 왜냐하면 정신은 "통일성을 자기 자신의 바깥에서 가지지 않고, 끊임없이 자기 자신 안에서 발견한다. 정신은 자기 자신 안에 자기 자신과 함께하고 있기" 때문이다. 정신은 "자기 자신과 함께하고 있음이고 바로 이것이 자유이다."(상동). 자기 자신과 함께 있음, 자기 자신을 위해서 있음, "자기 자신 때문에" 자기 자신과 관련되어 있음이 정신의 본질이고, 이것이 자유이다. 다음과 같은 하이데거의 말도 이와 부합한다. "현존재는 자기 자신, 곧 '자신에게 존재함이 맡겨져 있는 존재자'이다. 이 존재자의 존재에서는 자신의 존재 가능성이 문제이다. 현존재는 자기 자신을 위해서 존재하는 데 있다. … 현존재가 무엇을 위해서 존재하는가 하는 바로 그것Worum-willen은 자기 자신이다." "현존재는 자기 자신을 위해서 있다."[13] 이 말은 아리스토텔레스의 "하우투 헤네카"hautou heneka(um seiner selbst willen)와 정확히 부합하는 말이다.

자유인

그럼에도 불구하고 아리스토텔레스도 그렇게 생각했는지 여전히 묻게 된다. 형이상학에 나오는 그의 말은 후대에 영향을 주었고 깊이 생각해 볼 가치가 있는 많은 해석을 남겼는데, 그런 해석들은 부분적으로 아리스토텔레스의 생각과 부합하지만, 거기서 직접 진술되고 의도된 것을 많이 벗어난다. 아리스토텔레스는 거기서 자유를 인격적인 자기결단과 자기결정의 '의지의 자유'로는 전혀 이해하고 있지 않으며, 정신의 '자기 자신과 함께 있음' '자기 자신을 위해서 있음'으로도, 현존재의 "위해서 있음"Worumwillen으로도 이해하고 있지 않다. 오히려 그는 (철학의 맥락에서) 우리가 다른 이익을 위해서 하는 것이 아니라 오직 자기 자신을 위해서 하는 철학에 대해 이렇게 말한다. "우리가 다른 사람을 위해서가 아니라 자기 자신을 위해서 있는 사람을 자유롭다고 부르듯이, 이 학문만이 다른 모든 것 가운데 자유롭다. 왜냐하면 이 학문만이 자기 자신을 위해서 있기 때문이다."(982b 25-28). 철학은 아리스토텔레스에게 유일한 "자유로운" 학문이다. 이는 마치 "자유로운"eleutheros 시민이 "자유롭지 못한" 노예나 포로들과 대조되는 것과 같다. "엘레우테리아"는 자유로운 시민의 "상태"와 자유로운 도시의 자립성을 표현한다. 자유인은 자기 자신을 위해서 있고, 자유롭지 못한 사람은 다른 사람, 곧 자기 주인을 위해서 있다. 이미 토마스는 이 텍스트를 아주 정확하게 해석했다. "종들은 주인들의 소유이고, 주인들의 뜻에 따라 일하며, 무엇이나 주인들이 벌어들인 것에서 받는다. 반면 자유로운 사람들은 자기 자신을 위해 일하고 벌어들인다."(Met. I, 2). 아리스토텔레스에게 있어서 "엘레우테로스"eleutheros[자유로운]와 "엘레우테리아"eleutheria[자유]는 분명하게 이 법적-정치적 의미로 고정되어 있었다. 그럼 그렇다고 자유에 대한 다른 이해, 도덕적으로 자유로운 결단에 대한 의식은 전혀 없었다는 결론이 나오는가?

라. 아리스토텔레스: 자유와 자유의지

정치적 자유

엘레우테리아는 예로부터 **폴리스와 연관된** 법적-정치적 자유 개념이었다. 그렇다고 해서 윤리적 차원이 배제된 것은 아니었다. 자유에 대한 초기 개념 규정 가운데 하나는 가假-플라톤직 정의horoi인데, 이에 따르면 "자유는 삶의 주도권hegemonia biou, 모든 것에서 자기지배autokrateia epi panti이다." (Def. 412d). 자유에는 삶에서 영도권, 곧 최고 지휘권이 귀속된다. 또 "자유는 자기 자신에 대한 지배eleutheron ton archon heautou"(Def. 415a)라는 말도 있다. 이런 진술들은 정치적 의미로 고착될 수 없고, 도덕적인 자기결정과 책임을 포함할 뿐 아니라 심지어 그런 의미를 더 시사하는 보다 포괄적인 의미로 이해되어야 한다. 그렇다고 해서 엘레우테리아가 대부분 우선적으로 법적-정치적 자유로 이해되었다는 사실을 부정하는 것은 아니다.

아리스토텔레스에게는 두 가지 의미가 용어에서 엄밀하게 구별되는 것이 특징적인데, 우리는 이것을 외적 자유와 내적 자유라고 부를 수 있을 것이고, 헤겔의 표현을 사용해서 **객관적**objektiv 자유와 **주관적**subjektiv 자유라고 부를 수 있을 것이다. 많은 곳에서, 특별히 『정치학』*Politik*에서 아리스토텔레스는 "엘레우테로스"eleutheros와 "엘레우테리아"eleutheria라는 말을 많이 사용하는데, 예외 없이 정치적 자유라는 의미로 사용한다. 그래서 자유인eleutheroi과 비자유인me eleutheroi, 곧 노예andrapaoda(1290b 10 등등)가 대조되어 나타난다. 국가는 "자유인들의 공동체"koinonia ton eleutheron(1279a 21)이고, "자유인들의 정치적 지배"politike eleutheron arche(1277b 8; 1288a 11)에 의해 통솔된다. 여기에도 "민주주의 국가의 전제 조건은 자유이다."hypothesis tes demokratikes politeias eleutheria(1317a 40)라는 아름답고 언제나 유효하며 방향을 잘 제시해 주는 말이 나오는데, 다시금 국가(폴리스)와 그 자유 시민들의 정치적 결단의 자유와 행동의 자유라는 의미에서다. "엘레우테리아" 개념은 오직 이 의미만을 가진다.

윤리적 자유의지

1. 그렇다고 해서, 사람들이 자주 주장하듯이, 고전적인 그리스 사유에서는 오직 이런 의미에서만 자유에 대한 의식이 있었고 반면에 **개인적인** 결단과 책임의 자유는 아직 고려의 대상이 되지 않았다는 결론을 끌어낸다면 이는 전적으로 잘못이다.[14] 아리스토텔레스는 이미, 특별히 『니코마코스 윤리학』*Nikomachische Ethik*에서, 그런 의미의 명시적인 자유관自由觀을 전개한다. 분명히 이 자유도 폴리스의 생활 공동체 안에서 주어진다. 그런 의미에서 윤리학 자체가 국가론에 속하며, 그 자체로 "정치적"이다. 다시 말해 그것은 폴리스를 위해 의미 있는 것(1094b 11)인데, 아리스토텔레스에 따르면 그 이유는 다음과 같다. "만일 개인을 위해서나 공동체(폴리스)를 위해서나 동일한 것(목표)이 적용된다면, 공동의

삶을 위해 투신하고 그것을 보호하는 것은 더 위대하고 더 완전해 보이기 때문이다. 그것은 사실 이미 개인을 위해서도 바람직하지만, 백성과 국가들을 위해서는 더 아름다고 더 숭고하다."(상동. 7-10). 아리스토텔레스는 윤리학의 기반으로서 세분화된 '의지의 자유 이론'을 펼친다. 주목해야 할 것은 이것이다. 곧 역사적으로 볼 때 의지의 자유에 대한 주제적主題的 반성이 주이지기 이미 오래 전에 도덕적 책임에 대한 의식이 있었던 것처럼, 이 주제적 반성은 바로 도덕적 행위의 전제 조건으로 의지의 자유에 도달하고 있다는 것이다. 이제 살펴보겠지만 (이는 예를 들어 칸트의 생각과도 잘 부합하는데) 우리는 자유에서 출발하여 도덕적 의무를 증명하기 위해 자유를 출발점으로 삼을 수 없고, 오히려 도덕적 의무의 전제 조건으로 원의願意의 자유에 도달하기 위해 도덕적 의무의 경험을 출발점으로 삼아야 한다는 것이다. 아리스토텔레스에게든 칸트에게든 자유는, 나중에 추가적으로 규범들을 통해 구속되고 제한되는 것으로 경험되는 아무 구속 없는 순수한 자의恣意로 이해되지 않고, 오히려 처음부터 그리고 본질적으로 도덕적인 자유로, 다시 말해 도덕적 자기결정을 위한 능력으로 이해된다.

2. 개인적인 **윤리적 자유**에 대해 상세하게 설명하는 맥락

에서는 (여러 장에 걸쳐서) "엘레우테리아"eleutheria라는 단어가 전혀 등장하지 않는다. 이 사실은 다른 측면에서 역산해 볼 때 그가 이 개념을 오직 법적-정치적 의미로만 이해한다는 것을 새롭게 보여준다. 아리스토텔레스는 여기 개인적 도덕적 책임이란 의미의 의지의 자유와 자유의지를 다루는 맥락에서, 이미 피상적이고 상투적인 말이 되어버린 많이 오용된 낡은 "엘레우테리아"eleutheria라는 단어를 의식적으로 피하는 것 같다. 이에 반해 그는 특별히 『니코마코스 윤리학』 3권에서 윤리적 자유를 담은 일련의 다른 개념들로 설명해 나가거니와, 그 가운데는 무엇보다 "헤쿠시아"hekousia(**자유의지**), "아쿠시아"akousia(비非자유의지) 같은 기본개념들이 있다.

여기서 그는 이렇게 말한다. "강요나 무지에서 오는 것은 비非자유의지적인(또는 타의에 의한) 것 같다. 강요된 것은 그 원인이 외부에서exothen 작용하는 것이어서, 행위를 하는 사람 또는 감내하는 사람은 그것에 대해 아무것도 못 한다."(1109b 35-1110a 3). "무지에 의해 이루어지는 것은 사실 온전히 자유의지적이지는 않다. 그러나 그것은 고통 또는 후회와 함께 이루어지는 경우에만은 비자유의지적이다(타의에 의한 것이다)."(1110b 18 f.). 따라서 다시금 자유의지적 무지와 비자유의지적 무지가 구별되어야 한다. "자유롭게 원한 무지는 비자유의

지적인 것(또는 타의에 의한 것: akousiou)의 원인이 아니라 오히려 악행(또는 도덕적 악: mochtherias)의 원인이다."(1110b 31 f.). 여기서 우리는 아리스토텔레스가 도덕적 선 또는 악을 단순히 바로 지식 또는 무지로 환원하지 않는다는 사실, 오히려 우리가 행동을 하기 위해 알려 하거나 알지 않으려 하는 것에 대한 그것에 선행하는 도덕적 책임을 알고 있다는 사실을 주목할 필요가 있다. 그는 요약하여 이렇게 말한다. "강요나 무지에서 나오는 것은 비자유의지적이기akousion 때문에, 그 원인이 '행위의 주변상황도 알고 있는 존재' 자신 안에 있는 것은 자유의지적인 것hekousion 같다."(1111a 22-24).

그 원인이 우리 자신인 자유의지적인 것과 완전한 숙고에 의해 이루어진 본래의 자유 선택 또는 **결단**prohairesis은 다시 구별된다. 자유의지적인 것이라는 말은 어린이들에게도 적용되고, 심지어 동물들에게도 적용되기(1111b 8 f.) 때문에 우리가 "자유의지적인 것"hekousion을 넓은 의미로 이해해야 한다는 사실이 여기서 드러난다. 이런 의미라면 이 말은 "즉흥적"spontan 또는 "자발적"selbsttätig이라고 번역하는 것이 더 나을 것이다. 이에 반해 자유 선택prohairesis은 오직 이성logos과 숙고dianoia로 결단하는 이성적인 존재에만 적용된다(1112a 15 f.). 이를 통해 비로소 자유의지적인 것hekousion은 숙고하여 원하게 된 것bouleuton, 자유롭게 선택한 것prohaireton이 된다

(1113 2 f.).

이성 및 숙고와 함께 내려진 그런 결단 속에 비로소 본래의 도덕적 원의願意와 행위의 자리가 있다. 아리스토텔레스는 분명하게 그리고 인상적으로 다음과 같이 말한다. "덕도 패륜도 우리에게eph' hemin 달려 있다. 왜냐하면 우리에게 행위가 달려 있는 곳에는 비非행위도 달려 있고, 부정이 달려 있는 곳에는 긍정도 달려 있기 때문이다. 선한 행위가 우리에게 달려 있다면 … 악한 행위도 우리에게 달려 있다. 그런데 이처럼 선과 악에 대해 하든지 하지 않든지 여부가 우리에게 달려 있다면 … 도덕적이든지 비도덕적이든지 여부는 우리에게 달려 있다."(1113b 6-14).

(짧게 다시 한번 이야기한다면) 이것이 본래의 도덕적 자유와 책임에 대한 아리스토텔레스의 가장 중심적 진술이다. 몇 줄 안 되는 말 안에 끊임없이(8번이나) "우리에게eph' hemin" 라는 표현이 나온다. 곧 선하거나 악한 것이 우리에게 달려 있고 우리의 힘 아래 놓여 있다는 것이다. 그것이 우리에게 위임되어 있고, 우리에게 맡겨져 있다는 것이며, 우리는 우리 스스로 결단을 내리고 이를 위해 온전한 책임을 질 수 있도록 자유롭게 되어 있는 존재라는 것이다. 여기에 명시적으로 윤리적인 자유 개념이 있거니와 이 개념은 한편으로 소크라테스와 플라톤의 경우에 여전히 남아 있던 온갖 주지

주의적 엄폐掩蔽를 벗어던진 개념이고 다른 한편으로 오직 법적 또는 정치적으로만 이해된 자유 개념을 뛰어넘으면서도 결정적으로 그런 자유 개념의 기초가 되는 개념이다.

자유 결단

도덕적 자유와 책임의 본래의 근거를 아리스토텔레스는 단순하지만 의미심장한 말을 사용하여 이렇게 부른다. 인간이 **"행위들의 원인"**arche ton praxeon(1112b 31 f.)이라는 것이다. 그리고 그는 자유 결단prohairesis을 "우리에게 달려 있는 것(우리의 힘 안에 있는 것)에 대한 숙고된 추구"(1113a 10 f.)라고 정의한다.

행위에 대한 숙고된 자유의지적 자기결정이라는 그런 의미의 자유가 아리스토텔레스에게는 본질적으로 선 또는 악에 대한 도덕적 자유이다. 자유는 아무 구속력 없는 자의恣意가 아니다. 오히려 자유는 우리가 무엇을 해야 하는지에 대한 구속력 있는 **규범들** 아래 놓여 있다. 하지만 그럼 의무지우는 규범들이 무엇을 통해서 자유에 부과되었느냐고 묻는다면 그 답은 우선적으로 아주 간단하다. 곧 이성logos을 통해서라는 것이다. 자유는 이성적인 행위의 능력이다. 자유 결단은 "이성과 숙고를 통해" 이루어진다. 아리스토텔레스는 앞서 주어져 있는 "자연법칙"을 직접적으로 근거 삼아

설명하지는 않는다. 사실 문제는 자연에 부합하는 것kata physin이었고, 처음 헤라클레이토스에 의해 언급된(Fr. 22 B 112) 이 기본 규범은 그리스의 윤리학을 위해 구속력 있는 것으로 남아 있었다. 하지만 무엇이 자연에 부합하는지는, 그래서 무엇을 해야 하고 무엇을 하지 말아야 하는지는 이성적 사유가 꿰뚫어 본다. 이런 방식으로, 다시 말해 실천적 이성의 구체적인 숙고와 신중한 검토의 방식으로 아리스토텔레스는 개별적인 덕(과 악덕) 문제를 다룬다. 구체적으로 무엇을 해야 하는지는 선험적으로 도출될 수 없다. 예를 들어 슬기와 정의와 용기, 그리고 또 다른 사람을 위한 호의와 친절 등이 도덕적으로 요구된다는 사실은 인간의 삶과 공동생활의 경험에서 나온다. 물론 그렇지만 아리스토텔레스의 윤리는 전적으로 폴리스의 도덕적 생활 공동체의 틀 안에 머물고 있으며, 아리스토텔레스는 폴리스에 윤리적 기반을 제공하려고 노력하고 있다.

그는 자기 스승 플라톤보다 "민주주의적"으로 생각한다. 그렇다고 그가 무제한의 자유는 해를 끼치고 위험하기도 하다는 사실을 제대로 보지 못한 것은 아니다. 그럼에도 불구하고 그는 아테네 출신이 아닌데도 그리스의 폴리스를 긍정적으로 보며, 한때 자기 제자였던 알렉산더가 군대 무력을 사용하여 추구했던 대제국은 옹호하지 않는다. 아니, 아리스토텔레스는 바로 그런 그리스의 자유에 대한 위기 상황, 곧 내부 질서의 파괴와 정치직 정복을 꾀하는 외부 세력의 위협 속에서, 플라톤과는 다르게, 그리고 플라톤보다 현실적으로 새로이 폴리스에 윤리적 의미와 내용을 제공함으로써 폴리스를 구하려 한다. 하지만 (그런 의미에서) 아리스토텔레스에게도 윤리학 자체가 "어떤 정치적인 것"이라는 사실에는 변함이 없다. 오늘날에도 정치인들이 진지하게 받아들여야 할 것 같다.

마. 스토아학파와 헬레니즘에서 자유

1. 후기 그리스 철학, 헬레니즘 철학에서 자유 개념이 어떻게 발전되었는지에 대해서는 여기서 간단히 조망하는 선에서 그칠 것이다. 폴리스의 생활 공동체 안에서 누리던 보호와 안전은 무너지고 만다. 도시 국가들은 거대 국가 속에 사라져 버리는데, 알렉산더 대왕의 나라가 그랬고, 이를 이어받아 나중에 로마 제국이 그랬다. 그리스인들은 결코 대제국을 추구하지 않았고 자신들의 폴리스를 위해 살았다. 그들에게 거대한 국가는 오직 외부의 강요에 의한 것이었다. 그러나 이 전체적인 발전 상황은 세계관과 인생관에도 큰 영향을 미쳤는데, 서로 상반되지만 서로가 조건으로 작

용하는 관점에서 그랬다. 그 결과 한편으로 옛 폴리스에 반해 "범汎세계주의적인"kosmopolitisch 사고가 생겨났다. 이것은 자신의 생활 공간의 좁은 틀을 넘어 지평이 크게 확대된 것으로, 처음으로 노예와 이방인을 포함한 모든 사람의 본질적으로 동일한 "인간 품위"가 인식되고 인정되기에 이르렀는데, 이는 "인간다움"Humanum의 결정적인 획기적 출현이었다. 다른 한편으로는 지금까지 폴리스 안에서 누리던 보호와 안전을 잃고 나서 이제 익명의 거대 국가의 막강한 힘 앞에 체념하여 훨씬 "개인주의적인" 사고가 발전되어 나갔다. 그런 사고는 국가 권력 및 사회 질서와 거리를 두거나 때로는 그것과 대립하기까지 하는 양상을 보였다. 이를 철학적으로 표현하는 것, 바로 그것이 무엇보다 **스토아학파** 윤리학의 고유한 작업이었다. 이 윤리학은 사실 옛 근원으로 거슬러 올라간다. 스토아학파의 창시자인 제논은 이미 기원전 300년경 아테네에서 살고 가르쳤다. 하지만 스토아학파의 사상은 헬레니즘 영역 안에서 작용했고, 수백 년에 걸쳐 정신적으로 막대한 영향을 미쳤는데, 자유에 대한 생각에도 큰 영향을 주었다.

2. 스토아학파의 윤리학은 도덕적인 삶의 중심 과제를 자족하는 삶에서 보았다. 구호는 "아우타르케이아"autarkeia이

다. (이 말은 아우토크라테이아autokrateia, 곧 자기지배와 거의 같은 뜻이다.) 아우타르케이아는 소극직인 관점과 적극적인 관점을 하나씩 가진다. 소극적으로 그것은 '동요 없음'ataraxia과 '정념 없음'apatheia을 요구한다. 우리는 외적인 영향, 사건, 운명, 그 밖에 영혼의 내적 평화와 평정을 외부에서 방해할 수 있는 모든 것에 동요되어서는 안 된다. 이미 이는 예전에 폴리스 공동체에 묶여 있다는 사실과 대조되는 생각의 변화를 의미한다. 이제 개인은 자기 자신 안으로 물러나서 외부에서 어떤 방해도 받지 않고 영혼의 내적 평화를 찾는다. 이를 위해서 그는 또한 아무 정념이 없는 상태가 되어야 한다. 다시 말하면 그는 자신의 충동들과 성향들을 잘 다스려, 그것들이 자신을 자극하여 흔들어 놓거나 정념을 일으키지 못하게 해야 한다. 그렇지 않으면 영혼의 고요와 평정이 방해받을 것이다. 여기에 "참고 자제하라"sustine et abstine는 스토아학파의 원리가 있다.

도덕적 아우타르케이아는 적극적으로는 자기 자신과의 내적인 조화를 요구한다. 그것은 자신의 본성과 일치하여 사는 삶이다. 아테네 스토아학파의 창시자인 제논에게서 이미 사람은 "자연과 일치하여 살아야"15) 한다는 말이 유래한다. "자연과"te physei라는 말이 제논 자신에게서 유래하는지 아니면 후대에 끼워 넣은 말인지는 논란이 있을 수 있지만 내용상 그리 중요한 문제는 아니다. 사람들이 어떻게 이해했든 "자연"physis은 세상과 세상사世上事의 전체 또는 그 지탱 근거로서, 또는 사물들과 사람들의 각기 특별한 본질적 특성으로서 예로부터 그리스 윤리학 전체 안에서 도덕적 태도의 규범으로 여겨졌다. 이미 헤라클레이토스가 언급한 이 규범은 플라톤과 아리스토텔레스에게서도, 스페우시포스에게서도, 아카데메이아 전통에서도, 그리고 스토아학파의 윤리학에서도 그 타당성을 인정받았다.

여기서는 "엘레우테리아"라는 말도 확장된 의미를 가진다. 이제 이 말은 더 이상 폴리스와 관련되지 않으며, 아리스토텔레스에게서처럼 오로지 법적-정치적 의미만을 가지지도 않는다. 오히려 이 말은 보다 확장된 의미, 윤리적이고 총체적 인간과 관련된 의미, (조건부로 말하면) 어쩌면 "세계관적인" 의미라고까지 말할 수 있는 의미로 이해되었다.[16] 자유는 인간 본성을 올바르게 발전시키는 과제를 가지게 된다. "너 자신이 되어라!"

3. 요약하여 우리는 다음 사실을 확인할 수 있다. 곧 고대 그리스 철학에서는 엘레우테리아가 거의 항상, 아리스토텔레스의 경우에는 심지어 배타적으로, 법적-정치적 자유, 곧 자유 도시와 그 도시의 자유 시민들의 독립과 자기결정을

의미했다. 그것은 직접적으로는 선택의 자유나 의지의 자유와는 무관했고, 도덕적 행위의 자유의지와도 무관했다. 자유인들의 공동체인 폴리스는 윤리적으로 구속력 있고 규범을 제공해 주는 어떤 실체로 경험되었다. 폴리스 안에는 도덕적 의무와 책임에 대한 의식이 예로부터 생생하게 살아 있었다. 쇠퇴기에 그것은 소크라테스와 플라톤에 의해 새롭게 일깨워졌나. 그런데 아리스토텔레스에 의해 비로소 도덕적 행위의 전제 조건인 '결단의 자유의지'에 대한 명시적인 반성이 이루어졌다. 자유는 한 번도 임의적인 것, 자의적인 것을 의미하지 않았고, 오히려 도덕적 행위의 조건, 도덕적 행위를 가능하게 하는 것을 의미했다. 이제 살펴보게 되겠지만 윤리적 자유에 대한 이 관념은 이어지는 서양의 사상 전통 전체를 규정한다. 칸트와 헤겔도 자유에 대한 이론에서 결정적으로 그 영향을 받고 있다. 자유는 선agathon을 위한 능력, 덕arete을 위한 능력이다. 다시 말해 이성을 사용하여meta logou 본성에 따라kata physin 살 수 있는 능력이다.

II. 그리스도교 사상 안에서 자유

(그리스의 철학 사상과 대조적으로) 성경과 그리스도교 신앙을 통해 비로소 우리가 인간 자유에 대한 의식을 처음 가지게 된 것은 아니다. 하지만 인간 자유는 그리스도교의 복음을 통해 완전히 새로운 차원을 얻게 된다. 그것은 하느님 앞에서의 자유, 영원한 구원이냐 비非구원이냐에 대한 자유가 된다. 자유에 대한 새로운 이해에서는, 특히 바오로 사도의 경우, 그리스 철학의 "객관적"objektiv 자유 개념이 분명하게 계속 영향을 미치고 더 발전되어 나간다. 나중에 와서, 특히 아우구스티누스 이래로 "주관적인"subjektiv 의지의 자유가 전면에 등장하고, 토마스 아퀴나스에게서 위대한 자유 이론으로 나아가게 되는데, 그 이후 그것은 위기를 맞게 되고, 근대 사상 안에서 제기된 자유의 문제를 준비하게 된다.

가. 신약 성경 안에서 자유

"그리스도께서는 우리를 자유롭게eleutheria 하시려고 해방시켜 주셨습니다eleutherosen"(갈라 5,1). "형제 여러분, 여러분은 자유롭게 되라고 부르심을 받았습니다."(갈라 5,13). 그리스도 안에서 이루어지는 구원에 대한 선포는 새로운 자유의 복음으로 등장한다. 이 자유는 무엇을 의미하는가?

새로운 자유

1. 갈라티아서의 이 부분과 신약 성경의 다른 곳에서 **"엘레우테리아"**eleutheria라는 단어가 나온다. 고전적인 고대 그리스 철학에서 이 단어는 자유 도시의 자유 시민의 객관적인 자유를 의미했다. 헬레니즘에서 이미 이 단어는 그 의미가 확장되어 법적-정치적 자유를 넘어 총체적 인간과 관련된 자유를 의미했다. 이를 "세계관적 자유 개념"이라고 표현하려 한다면 이때 우리는 자유를 단순히 고유한 결단과 결정 능력, 곧 내적 "주관적" 자유라고 이해할 뿐 아니라 또한 자유가 "자유에 입각한" 인생관의 기본 정서가 되기도 한다는 것을 의미한다. 하지만 신약 성경에서, 특히 바오로 사도에게서나 (요한 복음, 베드로 1서, 야고보서 등) 다른 성경 구절에서 엘레우테리아-개념이 등장할 때 이 개념은 특정한 스토아학파-헬레니즘의 영향을 전혀 받지 않은 채로 있다. 물론 그렇긴 해도 새로운 자유의 복음은 자유인과 비非자유인이 함께 살던 당대의 실제적인 사회-정치적 관계의 배경에만 머물지 않고, 오히려 옛날의 고전적인 엘레우테리아 개념과 분명한 유사성을 가지고 있기도 하다. 엄격한 바리사이 교육을 받으며 자란 타르수스 출신 유다인 바오로 사

도가 그리스 사상에 대한 교육도 받았다는 사실은 의심의 여지가 없다. 그것은 그가 그리스 철학의 자유 개념을 받아들이고 그것을 (구약 성경의) 해방시키시는 하느님에 대한 성경의 믿음과 연결시키면서 (신약 성경의) 그리스도 안에서 누리는 새로운 자유 쪽으로 해석하는 데서 이미 잘 드러난다. 이 자유는 우리가 종의 신분에서 "해방되었다는" 것, 다시 말해 하느님 나라에서 자유 시민의 신분을 누리도록 속량되고 석방되었다는 것을 의미한다.

2. 그 이면에는 그리스 철학보다 **구약 성경**의 자유 신앙이 자리 잡고 있다. 이스라엘 민족의 종교적 의식意識은 해방시켜 주시는 하느님에 대한 신앙, 이집트 종살이에서 해방시켜 주신 하느님에 대한 압도적 경험에 의해 결정적으로 각인되어 있다. "나는 너를 이집트 땅, 종살이하던 집에서 이끌어 낸 주 너의 하느님이다. 너에게는 나 말고 다른 신이 있어서는 안 된다."(탈출 20,1). 이스라엘과 계약을 맺으신 야훼 하느님의 해방시키시는 힘과 신의는 변함없이 유지된다. 그것은 온갖 곤경과 몰락 속에서도, 하느님에 대한 불충과 죄 한가운데서도, 또 예루살렘의 완전한 붕괴와 파멸 속에서도, 백성의 이산離散과 바빌론 종살이 속에서도 여전히 유지된다. 이 신앙은 구원자, 해방자에 대한 신뢰와 희망으로

이끄는데, 이 구원자는 하느님이 약속하신 분, 하느님이 당신 백성을 완전히 그리고 궁극적으로 해방시켜 주시기 위해 보내주실 분이다.

신약 성경은 그리스도 안에서 그런 희망이 성취되었다고 전한다. 예수님은 "회개하여라. 하늘 나라가 가까이 왔다."(마태 4,17) 하고 선포한다. 하느님 나라에서의 해방이 시작되었다. 예수님은 약속된 해방자의 메시아적 표징을 통해 당신 자신을 증언한다. "눈먼 이들이 보고 다리저는 이들이 제대로 걸으며, 나병 환자들이 깨끗해지고 귀먹은 이들이 들으며, 죽은 이들이 되살아나고 가난한 이들이 복음을 듣는다."(마태 11,4 이하). 그분은 새로운 모세로, 새 계약의 입법자로, 새로운 하느님 백성의 해방자로 등장한다. 그분은 당신의 죽음과 부활을 통해 새롭고 영원한 생명을 선사한다. 그분을 믿고 의지하는 사람은 "영원한 생명을 얻는다."(요한 3, 36 등등).

이 구원 사건을 **바오로** 사도는 "종살이"와 "자유"라는 말로 표현한다. "엘레우테리아"라는 말은 고전 그리스 철학에서 가졌던 의미와 유사하고 그것과 부합하는데, 그에 못지않게 "자유인"과 "비非자유인"이 있었던 당대의 실제적이고 구체적인 사회 질서에서 도입된 것이기도 하다. 그런 실제 현실을 향해 바오로 사도는 이렇게 말한다. 유다인들과 이방인들, 자유인들과 노예들, 여러분 모두는 지금까지 노예살이, 종살이를 하며 살았습니다. 자유인이 노예보다 더 우월할 것이 없습니다. 오히려 여러분 모두는 이제, 자유로운 시민이든 자유롭지 못한 노예든 그리스도 안에서 해방되었고, 진실로 "자유롭도록 값이 치러졌으며", "풀려났습니다". 왜냐하면 "그리스도께서 우리를 자유롭게 하시려고 해방시켜 주셨기"(갈라 5,1) 때문입니다.

그러나 바오로 사도는 그리스도 자신이 그러셨던 것처럼 사회개혁가나 사회적-정치적 혁명가가 아니었다. 최근에는, 특별히 신마르크스주의의 소용돌이 속에서, 모든 것을 "사회적으로"gesellschaftlich 이해하고, 그래서 그리스도교 신앙도 사회정치적 의미에서 "수평적으로"horizontal 이해하는 것이 유행이 되었다. 물론 복음의 가르침으로부터 지상 삶을 살아가는 사람들이 평화롭고 정의롭게 살아야 한다는 결론이 나온다. 그리스도교적 사랑의 계명이 성취된다면 세상은 전혀 다른 모습을 하고 있을 것이다. 하지만 예수님은 일체의 지상적 권력을, 아무리 그런 목적으로 사용될 권력이라 하더라도, 항상 단호하게 거부하셨다. 그분에게는 이와 완전히 다른, 초월적인, 이렇게 말해도 좋다면, "수직적인"vertikal 차원이 문제였다. 곧 그분에게는 "하느님 나라" 안에서 누리는 영원한 생명이 문제였다. 이는 바오로 사도에게도 마찬가지였다. 그는 노예들에게 주인을 위해 헌신적으로 충실하게 일하라고 권고하고, 주인들에게는 노예들을 잘 대하고, 사랑으로 의롭게 대하라고 권고한다. 그에게는 사회 구조를 변혁하는 것이 문제가 아니었다. 물론 그것도 당대의 과제였을지 모르나, **그 자신의** 과제는 아니었다. 그의 과제는 오직 무한히 더 고차적인 완전히 다른 진리와 자유의 선포에 있었는데, 그것은 시민 계급적으로 "자유인"과 "비非자유인" 모두에게 똑같이 적용되는 것으로, 그리스도 안에서 누리는 새로운 자유이다.

무엇으로부터의 자유와 무엇을 위한 자유

1. 여기서 자유는 무엇을 의미하는가? 그것은 어디서 어떻게 언급되든, 또 어디서 어떻게 요구되든 **"무엇으로부터의"** 자유와 **"무엇을 위한"** 자유를 의미한다. 말하자면 그것은 소극적인 관점과 적극적인 관점을 가진다. 이 두 관점으로 우리는 바오로 사도의 자유 개념을 규정할 수 있다. 첫 번째 관점으로 보면 그것은 율법과 죄와 죽음으로부터의 자유를 말한다. 구약은 **율법**의 종살이 아래 놓여 있었다. 예전에 모세의 율법에 대한 문자 그대로의 성취를 통해서만 구원이 이루어진다는 엄격한 바리사이적 사고를 했던 바로 그 바오로가 고심 끝에 (특히 로마서에서) "율법의 업적"이 아니라

오직 "그리스도에 대한 믿음"을 통해 하느님께서 우리에게 구원을 선사하신다는 인식에 이르게 된다. 왜냐하면 "그리스도 예수님 안에서 생명을 주시는 성령의 법이 그대를 죄와 죽음의 법에서 해방시켜 주었기"(로마 8,2. 참조: 7,3 등등) 때문이다. 바오로 사도는 "우리를 다시 종으로 만들기 위해서 우리가 그리스도 예수님 안에서 누리는 자유를 엿보려고 몰래 들어온 거짓 형제들"(갈라 2,4), 다시 말해 다시 옛 계약의 법에 얽매이는 거짓 형제들과 엄격하게 대결하는 입장을 보인다. 율법과 죄의 종살이의 경우에는, 한편에 율법을 지키는 유다인들이 있고 다른 한편에 율법을 모르는 이방인들이 있다고 생각할 수 있다. 하지만 그런 식의 생각은 무너지고 마는데, 왜냐하면 바오로에 따르면 율법도 사람이 그 전체를 성취할 수 없기 때문에 죄를 야기하고 죄에서 해방시켜 줄 수 없기 때문이다. 유다인이든 이방인이든, 자유인이든 노예든, 모든 사람이 **죄**의 지배 아래 있고 죄의 종들이다. 죄에 떨어지고, 죄에 포박 당하고, 죄에 의해 꼼짝 못 하게 붙들려 있는 것이 진정한 종살이이다. 그런 상태에서 우리는 자신의 업적을 통해 해방될 수 없고, 그리스도에 의한 구원을 깊이 신뢰하며 믿음으로써만 구원받을 수 있다. 그분 안에서 우리는 "죄에서 해방되었다."(로마 6,18. 참조: 6,20). 죄의 결과는 **죽음**이다(로마 5,12 등등). 그것은 단순히 육체의 죽음만을 의미하지 않고, 오히려 정신적-영적 죽음도 의미하는데, 이것은 허무의 최종적 무의미 속으로 침몰하는 것, 궁극적인 하느님과의 격리, 성경의 표현으로 하면 "울며 이를 가는"(마태 13,42) 곳, "그들을 파먹는 구더기도 죽지 않고 불도 꺼지지 않는"(마르 9,48) 지옥이다. 우리는 그런 죽음에서 해방되어 영원한 생명을 얻는다(로마 5,17-21; 8,6-39. 참조: 1코린 15). "승리가 죽음을 삼켜 버렸다. 죽음아, 너의 승리가 어디 있느냐? 죽음아, 너의 독침이 어디 있느냐? 죽음의 독침은 죄이며 죄의 힘은 율법입니다. 우리 주 예수 그리스도를 통하여 우리에게 승리를 주시는 하느님께 감사드립시다."(1코린 15,54 이하). 이것이 신약 성경이 말하는 율법과 죄와 죽음으로부터의 자유다.

2. 그러나 자유는 (소극적으로) "무엇으로부터의 자유"만을 의미하지 않고 오히려 항상 (적극적으로) "무엇**을 위한** 자유"도 의미한다. 무엇을 위해서 무엇을 향하여 우리는 해방되고 자유를 얻게 되었는가? 이에 대해서도 바오로 사도는 우리에게 아주 분명하게 말한다. 그리스 철학의 정치적 엘레우테리아 개념과 유사하게 우리는 **자유 시민**이 되도록 종살이 또는 노예살이에서 해방되고 풀려나고 몸값을 치러 구출되었다. 우리는 하느님 나라에서 온전한 권리를 가진

시민들이다. 바오로 사도가 강조하듯이 우리는 단순히 선택되고 부르심을 받은 것이 아니라 오히려 이미 구원받고, 이미 부활하고, 비록 우리의 영광이 아직 감춰져 있어서 명백하게 드러나야 할 것이지만, 이미 영광스럽게 되었다(로마 8,29 이하). 그 이면에는 우리가 **하느님의 자녀**로 받아들여졌다는 사실이 더 깊숙이 자리 잡고 있다(로마 8,14 이하; 갈라 4,5 이하 등등). 이 말은 우리가 어린 미성년의 자녀들이라는 의미가 아니다. 오히려 "하느님의 아들들"hyioi theou, 또는 "하느님의 자녀들"tekna theou은 하느님의 성숙한 성년의 아들딸들, 그래서 또한 책임감 있는 아들딸들을 의미하는데, 이들이 그리스도를 통해 구원되었고, 그리스도의 형제자매들로서 아버지이신 하느님에 의해 당신의 자녀로, 아들딸들로 받아들여졌다는, 말하자면 "입양되었다는" 것을 의미한다. 그런 까닭에 우리는 "자녀이면 상속자이기도 합니다. 우리는 하느님의 상속자입니다. 그리스도와 더불어 공동 상속자인 것입니다."(로마 8,17. 참조: 갈라 4,6 이하 등등) 하고 바오로 사도가 말하듯이 **하느님의 상속자들**이기도 하다. 우리는, 비록 하느님의 순수한 은총에 의해 선사된 것이긴 해도, 하느님의 자녀로서 상속된 유산, 곧 '하느님 나라의 영광 속에서 누리게 되는 영원한 생명'에 대한 합법적인 정당한 권리를 가지고 있다. 그리스도 안에서 누리는 자유는 이 사실을 의미하는데,

이는 다음과 같은 요한 복음의 내용과 완전히 일치한다. "진리가 너희를 자유롭게 할 것이다."(요한 8,32). 왜냐하면 "죄를 짓는 자는 누구나 죄의 종이다. … 아들이 너희를 자유롭게 하면 너희는 정녕 자유롭게 될 것이기"(요한 8,34 이하) 때문이다.

이를 위해 그리스도는 우리를 해방시키셨고, 죄와 죽음의 노예들을 십자가에서 흘리신 당신 피로 몸값을 치러 풀어주셨다. 아버지는 우리를 아들딸들로 받아들여 주셨고, 정당한 상속자들로 삼아주셨다. 우리는 그분의 영원한 나라의 자유 시민으로서, 하느님께서 해방시켜 주신 존재들libertini이다.

책임

따라서 법적-정치적 자유 개념에서 유추할 수 있는 내용은 한 발짝 더 나아간다. 자유 시민의 상태로서의 엘레우테리아는 고전 그리스 철학에서 결코 아무 구속력 없는 자의적인 행동을 의미한 적이 없다. 그것은 법nomos 및 법규와 결합되어 있었고, 이를 위해 자유로서 주어지고 제공된 것이었다. 자유롭지 못한 종doulos이 아닌 자유 시민eleutheros에게는 폴리스의 공익을 위한 **의무**와 책임이 부과되어 있었다. 여기 신약 성경에서도 마찬가지다. 율법과 죄와 죽음의 종살이"로부터의" 자유, 그리고 또한 하느님의 자유 시민들,

자녀들, 상속자들"이기 위한" 자유는, 임의와 자의에 내쳐져 있음을 의미하지 않고, 오히려 권리와 의무를 의미한다. "자유인eleutheroi으로서 행동하십시오. 그러나 자유를 악행kakia의 구실로 삼지 말고, 하느님의 종douloi으로서 행동하십시오."(1베드 2,16). "이제 여러분이 죄에서 해방되고 하느님의 종이 되어 얻는 소득은 성화로 이끌어 줍니다. 또 그 끝은 영원한 생명입니다."(로마 6,22). "여러분은 자유롭게 되라고 부르심을 받았습니다. 다만 그 자유를 육을 위하는 구실로 삼지 마십시오. 오히려 사랑으로 서로 섬기십시오. 사실 율법은 한 계명으로 요약됩니다. 곧 '네 이웃을 너 자신처럼 사랑하여라.' 하신 계명입니다. … 성령의 인도에 따라 살아가십시오."(갈라 5,13-16). 더 나아가 바오로 사도는 "육의 행실들"(갈라 5,19-21)과 "영의 열매들"(갈라 5,22 이하)에 대해 말한다. 이것은 법적인 의무 사항 목록을 의미하는 것이 아니라 오히려 본질적으로 그리스도교적인 기본 태도들에 대한 암시를 의미하는데, 그리스도교적 기본 태도들의 규범은 추상적인 율법이 아니라 구체적인 예수 그리스도이시다. 따라서 자유시민의 상태로서의 자유도 새로운 "법"을 가지게 된다. "여러분은 장차 자유의 법에 따라 심판받을 사람으로서 말하고 행동하십시오."(야고 2,12). 몸값을 치르고 자유롭게 된 사람들, 석방된 사람들인 자유인들은 이제, 하느님의 자녀로서의 자유 시민들에게 적용되는 “자유의 법”nomos eleutherias 아래 놓여 있다.

여기서 이런 결론이 나온다. 자유eleutheria는 그리스의 정치적 자유의 법적 개념과 유사하게, 특히 “자유인들”과 “비非자유인들”(노예들)에 대한 법적이고 사회적인 구별과 유사하게 여기서도 자유 시민들의 “신분”을 의미한다. 자유에 대한 **객관적이고** 법적이고 정치적인 개념은 유비적으로 “지양止揚된다”. 다시 말해 그것은 ‘지양’의 세 가지 의미대로 그리스도 안에서 이루어진 해방을 통해서 ‘하느님 앞에서 누리는 새로운 자유의 신분’으로 보존되고, 부정되는 가운데 한 단계 높이 상승한다. 이 자유 개념은 직접적으로는 개인적인 선택의 자유 또는 의지의 자유와 아무 상관이 없다. 그러나 여기서도 자유는 자유인에게만 귀속되는 의무와 책임을 부과하는 법적 개념이다.

자유로운 결단

1. 하지만 이 모든 사실은 개인의 자유, “내적” 또는 **주관적인** 자유를 전제한다. 이미 구약 성경에서든 아니면 신약 성경에서든 성경 전체에서는 이에 대해 명시적으로 언급하지 않는다. 그런 의미의 자유 이론은 결코 발견되지 않는다. 그럼에도 불구하고 인간의 결단의 자유는 구원의 복음 전체

안에서 전제되고 심지어 완전히 새로운 차원으로 들어 높여진다.

그리스도교 신앙에서는 그리스 철학 사상의 눈에 완전히 낯선 방식으로, 하느님에 의해 창조되고 부르심과 은총을 받은 개별 인간이 개인적인 고유한 가치와 자유로운 자기결단을 가진 존재라고 강조된다. "생각을 바꾸고 회개하라!"는 외침부터 이미 개별 인간을 향하고 있다. 예수님이 산상 설교에서 선포하는 새로운 법은 자유로운 결단을 향하고 있고, 개별 인간의 생각과 행동을 겨냥하고 있다. 예수님은 말씀과 기적 행위를 통해 신앙하는 마음가짐, 신앙의 결단에 거듭 호소한다. 그분은 신앙을 촉구했는데, 당신의 촉구에 마음을 열거나 닫는 것을 인간에게 맡겼다. 이로써 자유로운 결단은 구원 의미, 영원의 무게를 얻게 된다. 그것은 하느님이냐 아니냐, 구원이냐 비非구원이냐에 대한 결단이 된다. 따라서 모든 사람은 자기 자신의 자유로운 행위에 따라 또한 심판을 받는다. "너희는 내가 굶주렸을 때에 먹을 것을 주었고, 내가 목말랐을 때에 마실 것을 주었으며 … 너희가 내 형제들인 이 가장 작은 이들 가운데 한 사람에게 해 준 것이 바로 나에게 해 준 것이다."(마태 25,35-40). 자신에게 주어진 자유를 올바로 사용하는 것, 곧 자유에서 나오는 사랑의 행위가 문제다.

2. 하느님과의 관계를 통해서 자유는 본질적으로 **새로운 차원**을 얻게 된다. 그리스에서는 사람이 필연적이고 비인격적인 운명 아래 놓여 있다고 생각했었다. 그리스도교에서는 궁극적인 최고 존재가 인격적이시고 **자유로우신 하느님**인데, 우리는 이 하느님과 자유로운 인격적 관계를 가지며 이 하느님은 우리에게 신앙과 사랑의 자유로운 인격적 관계를 요구하신다. 이 사실은 하느님 자신이 비인격적 절대자도 아니요, 아리스토텔레스의 "노에시스 노에세오스"Noesis noeseos (사유의 사유)[17]처럼 독립적 자립적으로 자족하면서 오직 자기 자신 안에서 영원히 복된 삶을 영위하는 신적인 존재도 아니라는 것, 오히려 하느님은 자유로이 세상을 창조하시고 자유로운 구원 의지를 통해 예수 그리스도 안에서 계시와 구원의 행위를 하셨으며 자유로운 은총으로 세상과 역사 안에서 작용하시는 인격적인 존재라는 것을 전제한다. 따라서 스토아학파 윤리학의 도덕적 이상인 일체의 인간적 자족의 삶("아우타르케이아"autarkeia)도 근본적으로 구원의 하느님과 그분의 말씀과 은총에 개방하는 태도에 의해 깨지고 무너지게 된다. 이렇게 역사는 구원의 역사, 곧 하느님의 자유와 인간의 자유 사이에서 자유롭게 이루어지는 일과 사건의 장소가 된다. 오직 하느님의 자유에 의해서만 인간은 자신의 자유를 누릴 수 있는 상태에 놓이게 되는데, 이는 단순히 인간이

자유를 누리도록 하느님에 의해 자유롭게 창조되었다는 의미에서만이 아니라, 오히려 인간의 자유가 하느님에 대한 신앙 속에서 비로소 하느님을 향해 나아가는 자유, 하느님 안에서 누리는 영원한 구원을 향해 나아가는 자유가 된다는 의미에서도 그렇다.

이로써 자유로운 도덕적 행위도 그리스 철학과 대조적으로 완전히 새로운 **목표 설정**에 이르게 된다. (소크라테스에서 시작하여 플라톤과 아리스토텔레스를 거쳐 스토아학파에 이르기까지) 모든 그리스 철학의 윤리학에서는 도덕적 행위의 목표가 행복eudaimonia, 곧 '자연에 따른 덕 있는 선한 삶'을 통해 누리는 복락과 충만이었는데, 그런 자연에 따른 덕 있는 선한 삶은 그 충족이 자체 안에 있어서 말하자면 내재적인immanent 목표를 가지고 있었다. 반면에 그리스도교에서는 목표가 하느님 곁에서 누리는 영원한 생명, 곧 우리가 우리 자신에 의해서는 그리고 우리 자신을 통해서는 결코 도달할 수 없고 오히려 오직 무한하신 하느님에 의해서만 선사되는 충만과 복락이다. 그것은 초월적인transzendent 목표이다. "행복"eudaimonia(라틴어 beatitudo)에 대한 생각이 교부 철학과 스콜라 철학 전체를 아우르는 그리스도교 사상 전통 안에서 작용하고 있다 하더라도 그것은 그리스 철학과는 완전히 다른 무엇이었다. 곧 더 이상 (내재적으로) 인간 고유의 행위에서 오는 가치를 통한 충족이 아니라, 오히려 (초월적으로) 하느님의 영광 자체에 의한 복락이다.

그렇게 볼 때 인간의 자유는 훨씬 근본적으로 **결단**에 있다. 하지만 단순히 도덕적인 선과 악 사이의 내재적-윤리적인 결단이 아니라 오히려 하느님이냐 아니냐, 영원한 구원이냐 아니냐 하는 초월적-종말론적 의미의 결단이다. 따라서 바로 그리스도교 공간에서는 자유가 단순히 선에 대한 가능성이기만 한 것이 아니라 악과 죄에 대한 가능성, 하느님께 등을 돌릴 가능성, 자신의 비非구원에 대한 가능성이기도 하다는 점이 새로운 중요한 문제로 떠오른다. 이 문제는 이미 (마태 25장 같이) 신약 성경 안에 그 단초가 있었으나, 교부철학에 와서 명시적으로 발전되어 나간다.

나. 아우구스티누스에게 있어서 자유의 문제

그와 같이 자유가 선과 악, 구원과 비非구원 사이에서 결단하는 것이라는 문제와 특별히 아우구스티누스는 씨름한다. 그것은 아우구스티누스 사상의 기본 문제가 된다. 그 배경에는 세상 안에서 서로 대립하고 있는 절대적인 선의 원리와, 똑같이 절대적인 악의 원리에 대한 마니교 사상이 있다. 아우구스티누스는 악이 오로지, 선을 외면하고 또 그럼으로써 하느님 안에 있는 궁극적 목적을 외면하고 악행을 저지르는 자유로운 결단에 있다는 인식을 통해 이 마니교 사상을 극복한다. 여기서 역사가 선의 세력과 악의 세력 사이의 전투라는 역사에 대한 시각이 생겨나는데, 그것을 그는 『신국론』神國論(*De Civitate Dei*)에서 펼쳐 나간다. 하지만 악의 가능성에 대한 근본적인 반성은 무엇보다 『자유의지론』*De libero arbitrio*에서 이루어진다. 우리의 물음에 대해 여기서 어떤 결론이 나오는가?

자유로운 의지

여기에서 자유는 전적으로 그리스 철학에서 "엘레우테리아"가 가졌던 의미를 더 이상 가지지 않고, 오히려 개인적인 **의지의 자유**를 의미한다. 본래 자유로운 중재 판결인 리베룸 아르비트리움liberum arbitrium 개념은 자유로운 선택 또는 결단의 행위를 의미한다. 이 용어는 여기서 출발하여 전체 스콜라 철학의 용어 안에 들어왔고, 토마스 아퀴나스에게서는 현실태actus로도 가능태potentia로도 이해될 수 있었다(De ver. 24, 4c). 그 외에 아우구스티누스는 리베라 볼룬타스libera voluntas라는 표현도 자주 사용하는데, 이 표현은 결단 능력으로서의 자유로운 의지를 의미한다.

아우구스티누스에게 중심 문제는 우리가 자유로운 의지를

가지고 있는지, 자유로운 의지의 본질이 무엇인지라기보다, 오히려 악이 어떻게 가능한지였다. 인간의 자유는 악의 문제 아래에 놓여 있고, 죄의 가능성에 대한 문제로 제기되었다. 인간은 하느님에 의해 창조되었고, 인간의 자유로운 의지는 인간이 올바로 행동하도록ad recte agendum 하느님이 선사해 주신 것이다. 다시 말해 자유로운 의지는 그 본질로 볼 때 선善을 향해, 하느님을 향해 정향定向되어 있다(De lib. arb. II, 5-7; vgl. 179). 그럼에도 불구하고 자유 안에는 하느님을 외면하고 죄를 짓고 구원을 놓칠 가능성도 주어져 있다. 아우구스티누스에게는 여기에 괴롭고 고통스런 문제가 있다. 그러나 자유로운 의지는 하느님과 하느님이 주신 질서를 자유롭게 수락하는 가능성으로서 아주 숭고한 선善인 까닭에, 그것을 통해 하느님을 외면할 수 있는 가능성도 같은 무게로 주어져 있다. 자유로운 의지가 죄에 의해 오용될 수 있다는 조건 아래에서이긴 하지만 하느님은 우리에게 자유를 선을 위한 자유로 주셨다.

자유와 법

하지만 이는 올바른 행위recte agere의 규범을 전제하는데, 아우구스티누스의 경우 그것은 "법"lex으로 나타난다. 그 배후에는 로마의 법사상 안에 들어가 있는 '고대 그리스의 노모스-개념'도, "옛" 법과 "새" 법에 대한 성경의 가르침도 자리 잡고 있다. 아우구스티누스는 시간법lex temporalis과 영원법lex aeterna을 구별한다. 앞의 것은 사람들에게서 유래하고, 가변적이며, 그런 의미에서 "시간적"인 데 반해, 나중 것인 영원법은 하느님에게서 유래하고, 그래서 불변하고, "영원하다." 시간법 안에서 정당하고 합당한 것iustum et legitimum은 모두 영원법에서 유래한다(I, 50). 따라서 영원법은 개인의 자유로운 행위를 위한 규범일 뿐 아니라 인간적이고 시간적으로 가변적인 모든 법을 위한 규범이기도 하다. 영원법이 우리에게 "각인되어 있다."nobis impressa(I, 51). 아우구스티누스의 생각에는 (이론적 인식의 영역에서) 영원한 진리들veritates aeternae(이것은 이성의 신적 조명照明을 통해 우리에게 주어진 것으로 플라톤의 이데아들이라는 역사적 배경에서 데카르트 이래 합리주의적 생득 관념ideae innatae의 발단이 되었다.)이 있듯이 (실천적-도덕적 인식의 영역에서) 영원법이 하느님 자신에 의해 우리에게 각인되어 있다. 하지만 이 말은 근대 합리주의적 자연법 사고를 가진 사람들이 해석한 것처럼 성문화成文化될 수 있는 완성된 어떤 "자연법칙"을 의미한 것이 아니라 오히려 올바른 것을 인식할 수 있는 능력만을 의미한 것이다. 이 능력, 곧 라치오 또는 인텔리겐치아ratio vel intelligentia(I, 55 f.)에 인간의 고유한 특징이 있고, 그 안에서 우리는 하느님의 영원법lex aeterna에 참여한다. 이 사실은 예를 들어 아리스토텔레스의 "이성과 함께" meta logou 같은 고전 그리스 철학적 사고와 완전히 부합하는데, 후기에 토마스 아퀴나스나 헤겔에 와서 훨씬 더 풍요롭게 발전되었다. 말하자면 우리는 무엇이 옳은지, 무엇을 해야 하는지 인식하고 있다. 그리고 우리는 그것을 자유 속에서 행할 수 있다. 하지만 우리는 또 악을 행할 수도 있다. 그러나 악을 행하는 사람은, 자유가 무엇 때문에 자신에게 주어져 있는지를 거역하여 행동하는 것이다. 그는 자기 자유의 의미를 거역하는 것이고, 자기 현존재의 의미를, 하느님 안에 있는 자신의 목적을 거역하는 것이다. 왜냐하면 자유는 "그 자체로" 선을 위한 자유, 하느님을 위한 자유이기 때문이다.

그 결과 아우구스티누스는 인간의 자유를 그리스의 철학적 사유가 특징적으로 가지고 있던 것보다 훨씬 더 선과 악 사이의 근원적인 결단에서 보고 있다. 인간의 자유는 타락하고 죄지은 자유인데, 이 자유는 끊임없는 악의 위협 속에 있고 하느님과 우리 구원에서 떨어져 나갈 위험 속에 있다. 그럼에도 불구하고 우리에게는 하느님이 선과 우리 구원을 위해 주신 자유가 있다. 여기에서 그리스도교 신앙에 의해 열리게 된 새로운 차원이 아주 명확하게 눈에 보인다. 곧 자유는 이제 하느님 앞에서의 자유, 하느님을 향한 자유이다.

그것은 단순히 도덕적 선과 악 사이의 (그리스적-내재적) 결단이 아니라, 영원한 구원과 비非구원 사이의 (그리스도교적-초월적) 결단이다.

하지만 눈에 띄는 것은 아우구스티누스도 인간의 자유를 오직 도덕적 행위의 전제 조건으로만 바라본다는 것이다. 『자유의지론』*De libero arbitrio* 제1권에서는 죄의 가능성, 시간법과 영원법, 말하자면 도덕적 의무와 책임을 다룬다. 제2권에 가서 비로소 도덕적 행위의 전제 조건으로 자유로운 의지를, 자유에 대한 올바른 사용과 잘못된 사용을 다루고, 제3권에서는 죄와 은총, 타락하고 죄지은 자유와 하느님의 은총을 다룬다. 이로써 아우구스티누스는 자유가 도덕적 자유이고, 도덕적 행위의 전제 조건, 도덕적 행위를 가능하게 하는 것이라는 아리스토텔레스에서 칸트와 헤겔에 이르는 철학 전통의 노선에 있다.

다. 토마스 아퀴나스의 자유 이론

위대한 토마스 아퀴나스의 철학적-신학적 사상은 전체적으로 아우구스티누스 전통과 아리스토텔레스 철학을 종합하고 있다. 그래서 그의 자유 이론에서도 아우구스티누스적 요소와 아리스토텔레스적 요소가 체계적인 통일을 이루고 있다.

우리는 여기서 그런 세분화된 그의 자유 이론을 몇 가지 기본 윤곽만 묘사할 수 있을 뿐이다.18)

자유의 목적

인간의 자유는 모든 것이 선을 추구한다는 기본 원칙 아래 있다. 그것은 토마스가 플라톤과 아리스토텔레스의 고전 형이상학과 공유하는 보편적 목적론적 세계상의 맥락에 있다. 모든 것은 자신의 [본성과] '부합하는 선'bonum conveniens (S. Th. I, 8, 1c; De ver. 22, 1c; 5c 등등)을 추구한다. 모든 것은 그 본성으로 볼 때 필연적으로 그런 선에 확정되어 있다. 동물들도 자신들의 선bonum에 정향定向되어 있다. 감각적 인식은 동물들에게 생을 촉진하는 선, 추구할 가치가 있는 선을 본능적으로 보여주고, 감각적 추구는 자연의 필연에 따라 감각적 인식을 따른다. 하지만 여기에는 자연 발생적인 작용은 있지만 자유는 없다. 추구 행위는 본능에 따라 파악된 주변세계에 묶인 채로 있다(S. Th. I, 80, 2; 83, 1; De ver. 22, 4c 등등).

사람의 경우에는 추구 행위가 지적 인식, 곧 이성ratio을 따른다. 이성은 자신의 형상적 대상에 의해 규정되어 있고, 자신의 대상을 존재의 관점에서sub ratione entis 파악한다. 따라서 그것은 특정하게 제한된 한 대상 영역에 확정되어 있지 않고, 존재에, 진리 그 자체에 개방되어 있다. 의지는 '지적 인식을 따르고 지적 인식에 의해 가능하게 된' 추구 능력이다. 의지의 형상적 대상은 공동선의 이념ratio boni communis이다. 따라서 의지는 가령 감각적으로 주어지고 생을 촉진하고 실천적으로 유익한 가치들 같은 특정한 가치들이 아니라, 오히려 선 그 자체를 추구하도록 정해져 있다. 그 자체로 좋고 가치 있는 모든 것은 인간적 추구와 원의願意의 목적이 될 수 있다.

필연과 자유

여기서 인간의 원의는 정해져 있기도 하고 동시에 자유롭게 되어 있기도 하다는, 곧 **필연과 자유**에 의해 규정되어 있다는 결과가 나온다. 이 점에서는 여기에서 이미 헤겔이 나중에 사유 노력을 기울이게 될 '자유와 필연의 매개'가 이루어지고 있다. 토마스에게는 의지가 한편으로 자연의 필연에 의해, 선bonum을 추구하도록 정해져 있다. 하지만 이 말은 강제적 필연necessitas coactionis이 아니라 오히려 자연적 성향의 필연necessitas naturalis inclinationis(De ver. 22, 5c; 참조: S. Th. I, 85, 4)을 의미한다. 다시 말해 강제적으로 부과된 외적 필연이 아니라 자신의 고유한 본성에서 나오는 내적 필연이다. 다음의 진술을 우리는 그런 의미로 이해해야 한다. "원의 자체에는 자신에게 부합하는 선에 대한 어떤 자연적 욕구가 들어 있다. … 따라서 원의가 필연적으로 원하는 것은 … 최종 목적이다."(De ver. 22, 5c). 이 내적 필연은 의지의 선험적 본질 구조와 함께 주어져 있는데, 이 본질 구조에 의해 의지는 선에 정향定向되어 있다. 의지는 오직 선만을 추구할 수 있다. 의지가 악을 원한다 하더라도, 의지에게는 그것이 선으로 보이는 한에서만 그것을 원하게 된다. 토마스는 더 나아가 여기서 '의지는 모든 원의 안에서 함축적 비주제적으로, 하지만 필연적으로, 최고선最高善(summum bonum)을 최종 목적finis ultimus으로 원하고 수락한다'는(상동. 5c; 6c; 참조: S. Th. I II, 82, 2 ad 3) 결론을 얻어낸다. 선 자체ipsum bonum에 선험적으로 정향되어 있다는 사실은 유한한 선에 대한 모든 원의가 가능하기 위한 가능성의 조건이다. 선의 이념ratio boni이라는 형상적 대상과 함께 추구하는 행위의 움직임의 목적, 곧 선 자체ipsum bonum가 주어져 있다. 아니면 거꾸로, 마지막 목적으로서의 "선 자체"에 대한 본질적인 '의지의 정향'에 의해, 유한한 선들에 대한 추구가 그 안에서 비로소 가능하게 되는 '선의 지평'이 전반적으로 열려 있게 된다.

하지만 이 필연을 통해 의지는 다른 한편으로 자신의 자유 안으로 옮겨져 있게 된다. 왜냐하면 그 어떤 유한한 선 안에서도 선에 대한 이념ratio boni은 온전히 실현되어 있지 않기 때문이다. 유한한 선은 자신의 선성善性, 자신의 가치에 한정되어 있다. 결단을 통해 어떤 하나를 선택한다는 것은 선택되지 않은 다른 것을 포기한다는 것을 의미하는데, 왜냐하면 그 어느 것도 순수한 선성을 남김없이 다 담고 있지 못하기 때문이다. 따라서 우리는 어떤 하나에 확정되어 있지 않고 오히려 우리 자신이 결단하도록 자유롭게 되어 있다. 토마스에게 선택의 자유는 근본적으로 오직 유한한 선 bona finita, 또는 우리에게 유한한 선으로 보이는 것에 대해서만 있다. 하느님에 대해서도 우리는 무한한 선성을 직접적으로 파악하거나 무한한 선성에 부합하게 파악하지 않고 오직 유한한 방식으로 파악하는 한에서만, 그리고 그렇게 파악하기 때문에만 자유롭다. 그리고 하느님 자신은 유한한 존재자들에 대해서만 선택의 의미에서 자유로우실 뿐, 당신 자신의 무한하고 필연적인 본질에 대해서는 자유로우시지 않다.

우리는 그런 까닭에 [자연적 성향의] 필연에서 출발하여 자유 안으로 옮겨져 있다. 우리는 우리의 추구 행위와 원의에 있어서 정해져 있지 않고, 오히려 자유로운 선택으로 결단해야 한다. 인간에게는 리베룸 아르비트리움liberum arbitrium(자유의지)이 귀속된다(De ver24). 이 단어는 토마스가 아우구스티누스 전통에서 넘겨받은 것이다. 토마스는 이 단어를 자유로운 결단의 현실태Akt로도, 자유로운 선택 능력으로서의 가능태Potenz로도(24, 4c) 이해하는데, 이 가능태적 의미로는 의지voluntas와 같은 의미를 가진다(24 6c). 그러나 자유로운 결단은 '의지에 가능한 가치들과 목표들을 보여주는' 이성의 통찰에 의해 인도된다. 토마스는 "모든 자유의 뿌리는 이성 안에 구성되어 있다"고까지 말한다. 자유를 구성하는 것은 이성의 통찰이다. 따라서 토마스에게도, 그리스 철학 전통을 따르는 가운데, 물론 아주 섬세하게 두 능력 사이의 상호 관계를 규정하고 있지만, 이성intellectus이 더 높은 능력으로서 의지voluntas보다 위에 있다(22, 11; 참조: S. Th. I, 83, 3).[19)]

여기서 자유는 의지의 행위가 '강제적 필연'necessitas coactionis이든 '자연적 성향의 필연'necessitas naturalis inclinationis이든 결코 필연에 의해 결정되어 있지 않다는 것을 의미한다(De ver. 22, 5c; S. Th. I, 82, 1c 등등). 따라서 자유는 강제로부터의 자유libertas a coactione일 뿐 아니라, 내적인 결정되어 있음으로부터의 자유libertas ab interna determinatione이기도 하다. 다시 말해 그것은 강제로부터의 "외적" 자유일 뿐 아니라, 일체의 규정되어 있음으로부터의 "내적" 자유이기도 하다. 이 구별은 아주 중요하다는 사실이 앞으로 드러나게 되는데, 특히 자유를 명시적으로 단순한 '강제로부터의 자유'libertas a coactione로 축소시키고 그럼으로써 필연적인 결정되어 있음 속으로 자유를 폐기시키는(Ethica I, Def. 7) 스피노자의 생각을 대적할 때 그 중요성이 드러난다.

자유의 규범

하지만 토마스에게도 자유는 막연한 자의恣意를 의미하지 않는다. 오히려 그것은 **내적 규범**과 결합되어 있다. 토마스는 행위의 규칙과 척도regula et mensura(S. Th. I II, 90, 1c)에 대해 말한다. 그것은 토마스에게 자유를 제한하는 외적인 법을 의미하지도, 생득 관념生得觀念(idea innata)으로서 우리에게 입력되어 있는 합리주의적 자연법칙을 의미하지도 않는다. 오히려 규칙과 척도는 한편으로 선에 대한, 최종적으로는 '최종 목적finis ultimus인 최고선summum bonum'에 대한 필연적 정향定向의 결과로 나오고, 다른 한편으로는 우리가 목적을 위한 수단이라고 파악하는 유한한 선에 대한 자유로운 선택의 결과로 나온다. 그런데 매번 목적을 위한 올바른 수단을 인식하는 것은 이성ratio의 일이다. "인간 행동의 규칙과 척도는 인간 행동의 제일 원리인 이성이다. … 이성의 일은 '행위자 안에서 제일 원리인' 목적을 향해 [수단이 되는 것들을] 배열하는ordinare ad finem 것이다. … 따라서 법이 이성에 귀속되어 있다는 것은 변함없는 사실이다."(상동). 여기서 이런 결론이 나온다. 곧 한편으로 (주관적으로) 이성이 인간 행위의 제일 원리이고, 다른 한편으로 (객관적으로) 행위들이 정향되어 있는 목적이 행위를 조종하는 제일 원리라는 것이다. 목적을 향해 수단들을 배열하는 것은 이성의 일이다. 그런 점에서 이성 자체가(이성의 통찰이) 올바른 행위를 위한 "규칙과 척도"이다.[20] 아리스토텔레스의 경우처럼, 그리고 나중에 헤겔의 경우처럼 토마스의 경우에도 자유는 그 본질로 볼 때 이성에 입각한 자유, 곧 '이성에 따른 행위'의 능력이다.

하지만 모든 것에는 세상의 창조주이신 하느님에 의해 질서 있는 배열과 규칙이 주어져 있다. 모든 질서 있는 배열, 모든 존재 법칙들과 자연법칙들의 근원은 하느님 안에 있는 영원법lex aeterna이다. 여기서 토마스는 아우구스티누스의 생각을 받아들인다. 모든 사물은 영원법에 의해 그 질서가 주어짐으로써 (객관적으로) 영원법에 참여한다. 말하자면 모든 사건을 필연적으로 규정하는 자연법칙은 이미 영원법의 참여participatio legis aeternae이다. 그런데 인간은 그 자신이 이성을 소유하고 이성의 통찰을 통해 선과 악을 구별하며 목적을 위한 올바른 수단을 선택할 수 있는데 그런 가운데 (주관적으로) 영원법에 참여한다. 이렇게 인간의 이성은 영원한 이성ratio aeterna에 참여한다. 이성을 통해 어떻게 올바르게 행동해야 하는지 인식하는 가운데 인간은 영원법에 참여한다. 영원법에 대한 그런 참여가 자연적인 도덕 법칙의 의미에서 자연법lex naturalis이다. “자연법은 이성을 가진 피조물 안에서의 영원법의 참여 외에 아무것도 아니다.”(S. Th. I II, 91, 2c). 이 사실은 아주 주목할 만한 것이다. 곧 토마스에게도 자연적인 도덕 법칙은 어떤 식으로든 “앞서 주어져 있지” 않고 오히려 오직 자기 자신의 이성적 통찰을 통해 획득되어야 한다.

여기서 토마스는 인간의 자유를 ‘자유가 선善에 선험적으로 묶여 있다는 사실’로부터 이해한다는 결론이 나온다. 하지만 그렇게 묶여 있다는 것은 편협하게 만드는 필연을 의미하는 것이 아니라 오히려 그 안에서 비로소 자유가 실행될 수 있는 ‘선성善性의 지평’의 근원적인 개방을 의미한다. 하지만 자유는 우리가 무엇을 해야 하는지에 대한 이성의 통찰을 근거로 실행된다. 이 사실이 자유의 조건이고, 자유롭게 선을 행하라는 촉구, 자유에 대한 촉구이다. 그것은 하느님에 의해 가능하게 된 것이고 하느님에 의해 둘러싸여 있다. 하느님은 제일 원인第一原因으로서 신적인 자유를 통해 우리를 인간적 자유를 누리는 상태로 옮겨 놓아 주셨고, 당신의 피조물을 “자유롭게 해 주셨으며”, 동시에 필연적으로 항상 모든 것 안에서 추구되는 ‘우리의 원의願意와 행위의 최종 목적’이시고, 따라서 목적을 위한 수단에 대한 우리의 자유로운 선택의 최종 규범이시기도 하다. 아무리 여기에 아리스토텔레스적인 요소들이 받아들여지고 있다 하여도 그것들은 토마스에게 있어서 '인간 자유의 마지막 의미는 하느님과 하느님 안에서의 영원한 구원을 위한 자유인 데 있다'는 그리스도교적 종합 안에 들어가 있다.

라. 자유의 문제점들과 자유의 위기

우리는 중세 후기의 자유 이론에 대해 자세히 살펴보지 못한다. 오직 근대 초기 자유의 위기의 배경이 된 가장 중요한 관점들 몇 가지를 지적하는 데서 그칠 것이다.

주지주의와 주의주의

이미 스콜라 철학 전성기에 제기된 첫 번째 문제는 **주지주의**主知主義(Intellektualismus)와 **주의주의**主意主義(Voluntarismus)의 문제이다. 토마스 아퀴나스는 아리스토텔레스를 따라 이성intellectus이 인간의 본질을 특징짓는 최고의 능력이며, 그래서 지적 인식intelligere은 인간에게 가능한 최고 행위이고, 이 행위를 통해 의지의 자유 결단이 내적으로 가능하게 된다고 하였다. 이에 반해 이미 아우구스티누스 전통을 따르는 보나벤투라는 이성이 아니라 오히려 사랑 안에서 완성되는 자유로운 의지가 최고의 능력이라고 주장한다. 이 주장은 토마스를 따르는 도미니코학파에 맞서 프란치스코학파의 공동 유산이 되었고, 둔스 스코투스에 의해 사변적으로 깊이 있게 연구되었다.[21] 스코투스는 비합리주의에 빠지지 않으면서 당시 아베로에스주의자들Averroisten의 극단적 합리주의에 맞서 싸운다. 그도 의지의 결단이 이성의 통찰을 통해 인도되었다는 사실을 인정한다. 하지만 더 높은 가치는 자유로운 의지에 있다. 인간의 도덕적 완전성, 특히 그리스도교적 완전성은 단지 지식에 있을 수 없고 오히려 그 최고 행위가 사랑인 자유로운 원의에 있다. 사랑은 하느님에 대한 일체의 지식보다, 아니 하느님에 대한 단순한 신앙보다도 더 내밀하게 우리를 하느님과 결합시킨다. 이성과 의지 가운데, 이론적 능력과 실천적 능력 가운데 어떤 것이 더 우위를 차지하느냐는 이 물음은 근대 철학 전체를 관통하는 물음이 된다.

아무 구속 없는 전능

의지의 우위는 세상과 인간의 창조주이신 하느님에게도 옮겨 적용된다. 이는 사람들이 하느님의 '절대적 능력'potentia absoluta과 '질서에 따른 능력'potentia ordinata이라고 부르는 것을 어떻게 이해하는지의 문제에 영향을 미친다. 이미 토마스는 이 개념들을 알고 있었고 그것들을 아주 엄밀하게 규정한다. 곧 하느님은 당신의 "절대적 능력"potentia absoluta으로 "존재자의 법칙ratio entis이 고스란히 보존될 수 있는" 모든 것, 곧 존재자로서 가능하고 '그 자체 안에 모순을 담고 있지 않은 또는 하느님의 본질과 모순되지 않는' 모든 것을 하실 수 있다. 이미 여기에 하느님의 전능의 한계가 있거니와, 하느님의 전능은 하느님의 본질 자체에 근거하는 존재 법칙들, 특히 모순율에 묶여 있다. 당신의 "질서에 따른 능력"potentia ordinata에 의거하여 하느님은 "올바른 의지의 명령이 뒤따르는"(S. Th. I, 25, 5, ad 1) 모든 것을 하실 수 있다. 곧 하느님은 당신 자신이 자유롭게 설정하신 창조 질서와 구원 질서에 부합하는 모든 것을 하실 수 있다. 이미 둔스 스코투스는 하느님이 '가능한 것'의 본질들과 본질의 법칙들을 '당신 자신의 본질'을 관조하는 가운데 "발견하지" 않으시고, 오히려 당신의 인식 행위를 통해 "산출하신다"고 강조한다. 스코투스는 이를 통해 능동적인 요소를 부각시키는데, 그렇지만 그것을 의지가 아니라 하느님의 인식에 귀속시킨다. 유명론자唯名論者인 윌리엄 오컴에 따르면 보편 개념들도 보편적인 '본질의 법칙들'도 없다. 이에 따르면 하느님은 보편적인 관념들을 가지고 있지 않고 오히려 그때그때 구체적인 것들과 개별적인 것들의 개별 관념들만 가지고 있다. 이 관념들은 하느님에 의해 지적으로 관조되어 파악되지 않고, 오히려 당신의 의지에 의해 자유롭게 기획된다. 하지만 그것들은 그 자체 모순을 담고 있지 않은 '논리적으로 가능한 것'에 묶인 채로 있다. 그런 점에서 볼 때 사실 유명론에 의해 개인주의의 근거가 놓이고 "절대적 능력"potentia absoluta의 의지의 요소가 전면에 부각되지만 그렇다고 오컴이 여기서 15, 16세기 유명론적 신학이 보인 경향과 같이 하느님이 순수 "자의적인 하느님"이라는 결론에 이르지는 않는다. 그런 신학에 따르면 하느님은 당신이 원하는 것이면 무엇이나 하실 수 있는 절대적이고 완전히 무제한적인 전능을 가지고 있다. 그분은 뽑아 세우실 수도 내쫓으실 수도, 은총을 주실 수도 은총을 거두어들이실 수도, 구원으로 부르실 수도 비非구원으로 저주하실 수도 있어서, 우리는 그분의 "은총과 무자비"에 내맡겨져 있다. 이런 생각에서 종교 개혁자들의 예정설이 나오고, 캘빈에게서 가장 첨예한 형태를 띠게 된다. 이로써 참된 '인간의 결단과 책임의 자유'는 심각하게 의문시된다.

자유의지인가 노예의지인가?

그런 배경에는 루터와 에라스무스 사이의 유명한 논쟁도 있다. 에라스무스의 『자유의지론』*De libero arbitrio*과 루터의

『노예의지론』*De servo arbitrio*은 논점이 거의 완전히 엇나가 있는데, 왜냐하면 두 사람이 자유를 서로 다르게 이해하고 있기 때문이다. 인본주의자인 에라스무스는 인간의 의지의 자유에 대해 말하고, 신학자이자 종교 개혁자인 루터는 영원한 구원을 위한 자유에 대해 말한다. 에라스무스는 선을 행하도록, 구원을 일으키도록 우리에게 자유가 주어져 있다고 강조한다. 루터는 하느님 안에서 구원을 얻는 데 있어서 인간 의지는 무능하다고 선언한다. 그가 세계 안에서 이루어지는 행위들에서 일체의 선택의 자유를 부정하는 것은 아니다. 하지만 하느님에 대해서, 그리고 자신의 구원에 대해서 의지는 전혀 자유롭지 못하며servum arbitrium, 오직 해방하시는 '하느님의 은총'에 의존하고 있는데, 이를 위해 우리가 할 수 있는 것은 아무것도 없다. 에라스무스는 신학적이기도 한 고전적인 자유 이론의 전통을 신봉한다. 이에 반해 루터는 그가 "오컴학파 출신"이라고 말한다. 신학적 논쟁의 배후에는 (흔히 그렇듯이) 기본적인 철학적 견해가 자리 잡고 있다. 예정설豫定說(Prädestination)과 선정설先定說(Prädetermination)을 둘러싼 본래의 신학적 문제를 다루는 것은 여기서 우리의 과제가 아니다. 하지만 그것에 대해 암시하기는 해야 했는데, 그 이유는 이 모든 것이 인간의 자유를 새로이 문제로 삼고, 그것을 (동시에 다른 전제 아래에서) 근대의 철학 사상 안에서 계속 영향을 미치면서 위기에 빠트리기 때문이다.

III. 근대 철학 사상 안에서 자유

근대 철학 사상 안에서 자유 개념과 자유의 문제를 계속 살펴보려 한다면 우리는 여기서 근대 철학 사상을 대표하는 몇몇 대철학자들에 제한하여 간결하게 조망하는 데서 그칠 수밖에 없다. 이들을 통해 한편으로는 그리스 철학과 그리스도교 전통의 고전적인 자유 개념이 어떻게 위기에 처하게 되었는지, 다른 한편으로 특히 칸트와 헤겔을 통해 그것이 어떻게 다시 수용되고 새로 발전하게 되었는지 밝혀져야 할 것이다. 여기서 인간 자유의 본질에 대한 기본 인식이 놀라울 정도로 연속성을 이루고 있다는 사실이 드러난다.

가. 데카르트에서 계몽주의까지

근대 철학에서 (합리주의, 경험주의, 계몽주의 등) **칸트 이전** 시기는 의식적으로 중세 사상과 대조를 이루고, 우리의 물음에 있어서도 자유에 대한 이해가 중세 사상과 단절되었다는 특징을 띠게 되는데, 그것은 한편으로 내적 자유와 외적 자유가, 그리고 다른 한편으로 자유와 속박[공동체 및 역사에 매여 있음]이 갈라지게 되었다는 두 가지 의미에서다. 의지의 내적 (주관적) 자유는 여러 가지 이유에서 부정되거나 의문시되는데, 그 배후에는 합리주의적 사고와 경험주의적 사고 모두에 영향을 준 새로운 자연 과학(기계학으로서의 물리학)의 세계 기계론Weltmechanismus이 있다. 하지만 동시에 그럴수록 사회적 정치적 공간에서 외적 (객관적) 자유는 더 크고 격렬하게 요구된다. 이성의 무제한적 자유가 계몽주의의 요구이다. 그리고 프랑스 혁명은 자유라는 투쟁 구호를 내걸고 있다. 이로써 또한 자유와 규범의 결합도 깨지고 만다. 자유는 개인주의적으로 주체의 자율적인 자기주도권으로 이해된다. 그래서 자유는 추상적인 자유가 되고, 더 이상 구체적으로 공동체 및 역사에 매여 있는 것으로 이해되지 않는다. 그런 까닭에 도덕적, 사회적, 정치적, 종교적 종류의 일체의 규범은 개인의 자율적인 자유와 모순되는 예속과 속박으로 보인다. 이 추상적 자유 개념이 계몽주의의 자유주의에서 절대적인 것이 되고, 아무런 속박 없는 순수한 자유가 요구된다.

데카르트

비록 데카르트는 여전히 의지의 자유를 고수하고 있지만(Princ. phil. I, 6; 32, 34 ff.),[22] 그런 발전의 단초들은 이미 데카르트에게 있다. 우리가 자유롭다는 것은 심지어 "가장 보편적이고 첫째가는 생득 관념들"에 속한다(Princ. phil I, 39). "인간이 자신의 의지를 통해서 행동한다는 것, 다시 말해서 자유롭게 행동한다는 것은 인간의 최고 완전성이며, 그래서 인간은 어떤 의미로는 자기 행위들의 장본인이고, 그런 행동들 때문에 찬양받을 수 있다."(I, 37). 인간이 "자기 행위들의 장본인"이라는 데서 자유를 보는 것은 완전히 아리스토텔레스arche ton praxeon와 토마스principium actionum의 진술과 부합한다. 게다가 데카르트가 인간이 자기 행위들 때문에 "찬양받을" 수 있다고 말한다면, 이는 도덕적인 것을 계산에 넣는 것으로, 우리 행동들에 대한 온전한 책임을 의미한다.23)

하지만 데카르트는 동시에 고전적인 견해에 반대하는 입장을 취한다. 그에게는 더 이상 이성이 의지 위에 있지 않으며, 오히려 의지가 이성 위에 있다. 의지는 "인간의 최고 완전성이다". 하지만 여기서 의지가 오류의 원천이 될 수 있다는 결론이 나온다. 왜냐하면 이성은 인식을 할 때 "자신에게 제공되고" 명석 판명하게 인식되는 "소수의 것"(Princ. phil. I, 35)에 제한되기 때문이다. 반면에 의지는 "모든 것을 향해 뻗쳐 나갈 수 있기 때문에 어떤 의미에서 무한하다고 말할"(상동) 수 있다. 따라서 의지는 쉽사리 "명석 판명하게 인식된 것" 너머로 나아가게 되고, 그렇게 오류로 나아간다(I, 34). 왜냐하면 판단에는 이성ratio의 통찰만이 아니라 동의를 해 주는 의지도 속하기 때문이다. 따라서 우리가 그렇게 오류에 빠진다면 그것은 "우리 행위들agere에서의 결함이나 자유의 오용이지, 우리 본성에 있어서의 결함이 아니다."(I, 38).

여기서 이미 데카르트의 경우에는 의지가 우선적으로 인식에 대한 자유로운 동의 능력으로 이해되고 있다는 사실이 드러난다. 비록 의지가 이성에 대해 어떤 의미에서 우위를 차지한다 하더라도, 의지는 동시에 이성의 인식 자체에 내적인 기능을 수행한다. 따라서 여기서 진기한 '생각의 전환'이 이루어진다. 곧 소크라테스와 플라톤은 아무도 자유의지로 악하지 않다고 했다. 악한 행위는 거짓 인식에 그 근거가 있었다. 악은 오류였다. 이에 반해 데카르트는 인식의 오류의 근거가 자유의 오용에 있다고 한다. 자유는 이성에 대해 우위를 차지하고, '규정하는 역할을 하면서' 인식 안에 들어가 있다.

어쨌든 데카르트는 기본적으로 인간의 자유를 고수한다. 하지만 동시에 그의 철학 안에는 이미 자유 개념 붕괴의 단초들이 들어 있다. 여기서 결정적인 것은 엄격하게 이원론적인 그의 세계상이다. 레스 코기탄스res cogitans는, 모든 진리를 자기 자신 안에서 발견하고 생득 관념들을 가지고 펼쳐 나가는 자율적인 주체로서의 순수 의식이다. 그것은 이미 일체의 속박에서 풀려난 것 같은 '세계와 역사 없이 사유된 순수 이성'이다. 그 배경에는 보편적인 것을 그때그때의 개별적인 것으로 와해시켜 버리는 유명론적 견해가 자리 잡고 있다. 그런 와해는 모든 개개인이 자기 자유의 고립된 자율적 주체가 되는 개인주의 안에서 작용하고 있다. 계몽주의의 "추상적" 자유 개념의 기초가 이렇게 이미 마련되었다. 이에 반해 레스 엑스텐사res extensa로서의 물질세계는 오직 양적量的으로만 고찰된다. 그것은 필연적인 자연법칙에 따라 순수 기계론적으로 작용한다. 세계는 자유로운 행위를 위한 공간을 전혀 허용되지 않는 수학적으로 정밀하게 규정되어 기능하는 기계 장치가 된다. 여기서 칸트도 직면하게 될 문제가 제기되는데 그것은 어떻게 필연적인 '자연의 인과성'이 도덕적 행위의 자유와 조화를 이룰 수 있는지, 다시 말해 어떻게 기계론적으로 엄격하게 결정되어 있는 세계에 인간의 자유로운 행위를 위한 공간이 있을 수 있는지 하는 문제이다.

더 나아가 레스 코기탄스와 레스 엑스텐사가 서로 상반된다는 사실에서 인간의 육체와 영혼 사이의 존재 통일성과 작용 통일성은 더 이상 가능하지 않다는 결론이 나온다. 서로의 상호 작용을 위한 가능성도 없어지게 되는데, 왜냐하면 육체와 영혼 사이에는 존재에 입각한 공통성이 전혀 존재하지 않기 때문이다. 그럼에도 불구하고 데카르트가 상호 작용을 받아들이고 있다면 이는 경험과의 타협일 뿐, 근본적으로는 데카르트 자신의 원리들에 위배되는 모순이다. 데카르트에게 있는 그런 모순을 극복하려는 노력에서 바로 횔링크스Geulincx와 말브랑슈Malebranche의 기회 원인론Occasionalismus과 라이프니츠의 예정 조화설이 나오는데, 기회 원인론에서는 모든 것이 신에 의해 작용을 받으며 그래서 인간 자유를 위한 공간은 전혀 남아 있지 않게 되고, 예정 조화설에서는 사실 자유를 구하려고는 하지만 그것을 가설적hypothetisch 필연성을 통해 이해하려 한다.

스피노자

무엇보다 스피노자에게서 자유는 절대적인 결정론Determinismus 속으로 지양止揚된다. 이미 기회 원인론에서 피조물의 고유한 작용은 전혀 없었고, 오직 신神의 유일한 작용만이 있었다. (이를 넘어) 스피노자의 경우에는 피조물의 고유한 실재는 없고, 오직 신의 유일한 실재만이 있다. 그의 사상 체계는 실체 일원론Substanzmonismus으로서의 범신론Pantheismus이고, 실체 일원론은 당연히 결정론으로 귀결된다. 모든 발생 사건은 신 자신의 필연성 안에 들어와 있다. 하나의 신적 실체가 자신의 <사유思惟,cogitatio와 연장延長,extensio이라는 속성들Attribute의 유한한 양태들Modi> 안에서 필연적으로 전개된다. 그럼에도 불구하고 스피노자는 말로만 보면 자유를 견지한다. “오직 자기 본성의 필연으로부터 존재하고, 오직 자기 자신에서 출발하여 행위에 규정되는 것은 자유롭다고 부르고, 다른 것에 의해서 확실하고 정해진 방식으로 현존재하고 작용하도록 규정되는 것은 필연적이라고, 아니면 보다 정확하게 말해서 강요되었다고 부른다.”(Ethica I, Def. 7). 여기서 자유는 외적 강요와 대조될 뿐, 내적 필연과 대조되지 않는다. 그러한 자유의 두 차원의 구별은 여기서 이루어지고 있지 않다. 더 나아가 내면으로부터 자기 본성의 필연에 의해 존재와 작용에 결정되어 있는 바로 그것을 자유라고 부른다. 이로써 자기결단과 자기규정의 온전한 자유는 필연적인 결정 상태 속으로 지양된다. 하지만 또한 그런 의미에서 이미 아주 제한되어 있는 자유도 신에게만 귀속된다. “신만이 자기 본성의 필연으로부터 존재하고 작용한다.”(Eth. I, Prop. 17, Corr. 2). 그 밖의 모든 것들은 신의 본질에 의해 필연적으로 결정되어 있다.

그럼에도 불구하고 스피노자는 도덕적 행위를 해방 과정liberatio으로 이해한다.[24] 우리는 신의 ‘본질의 필연’에 참여하면 할수록, 다시 말해 우리가 개별 사물들과 사건들을 아주 합당하게 세계 사건의 전체 연관성으로부터 ‘신의 필연적 전개와 계시’로 이해하면 할수록, 모든 것을 영원의 상相 아래에서sub specie aeternitatis 파악하고 우리의 의지를 신의 필연에 종속시키고 그것에 따를수록 더 많이 자유롭다. 말하자면 자유는 필연을 인식하고 '자신을 필연에 내어주는 것'을 수락하는 것을 의미한다. 이런 생각은 헤겔과 마르크스 그리고 변증법적 유물론에 이르기까지 역사적으로 영향을 많이 주게 된다. 곧 필연에 대한 통찰이 자유의 근거가 된다. 필연의 실현이 자유**이다**. 이것이 과연 자유인가?

스피노자에 의하면 우리는 이를 통해 비로소 무질서한 정동情動들Affekte에서 자유로워진다. 이를 통해 비로소 우리는 사유와 행위의 자유에 이르게 된다. 필연이 자유의 근거요 규범이다. 하지만 이 필연은 신의 본질 자체인데, 그런 신의 본질은 모든 것을 절대적으로 결정하고, 그래서 참된 자유를 위한 자리를 용납하지 않으며, 근본적으로 도덕 행위의 가능성을 위한 토대를 빼앗아 버리고 만다.

경험주의

합리주의의 결과로 자유가 폐기되는 것과 똑같이 경험주의에서도 논리적 결과로 자유는 몰락한다. 이미 영국 경험주의의 선구자이자 개척자인 토마스 홉스는 인간 자유를 부정한다. 왜냐하면 감각적 인상印象들은 쾌 또는 불쾌를 불러일으키고, 순수 기계적인 방식으로 기억과 연상을 작동시키기 때문이다. 따라서 의지의 자유도 전혀 없으며, 오직 외적 작용들에 대한 기계적 반응들만 있을 뿐이다. 이미 이 사실은 기계론적-유물론적 세계상과 인간상이 자유로운 행위를 위한 여백을 전혀 허용하지 않는다는 것을 보여준다.

그래서 데이비드 흄의 경우에도 의지의 자유는 모든 발생 사건의 필연 속으로 없어지고 만다. 특정하게 주어진 인상들은 그에 상응하는 반응을 불러일으킨다. 동기와 행위 사이의 연결도 자연 사건의 외현外現들의 연결과 똑같이 일정하다. 따라서 자유 결단은 없다. 흄의 윤리학에서도 자연적인 것과 도덕적인 것 사이의 차이는 없어졌다. 유익하고 편한 것이 도덕적으로 좋은 것이다. 우리는 이에 따라 그런 것에 반응한다. 본연의 의미에서 도덕적 구속력은 고려의 대상이 되지 못한다.

그런 사실은 프랑스 계몽주의에서 더 심화되는데, 프랑스 계몽주의는 라메트리의 『인간기계론』*L'homme machine*에서 볼 수 있듯이 (영국 경험주의의 영향으로) 유물론과 기계론을 주장한다. 레스 엑스텐사res extensa는 순전히 양적으로 고찰되고 모든 물질적 사건은 순수 기계론적으로 이해되어야 한다는 데카르트의 원칙이 여기에서 인간 전체에 적용되는데, 여기서 인간은 기계 장치로 보일 뿐 자유 능력이 전혀 없다.

완전히 서로 다르고 심지어 상반되기까지 한 입장들에서 똑같이 인간의 자유가 부정된다는 진기한 현상이 여기서 드러난다. 범신론으로 나아가는 합리주의의 결과로부터도, 유물론이 생겨나오게 된 경험주의의 결과로부터도 모든 사건에 대한 결정론적 입장이 나온다. 모든 것이 신神 안으로 지양된다면, 모든 것은 신 자신처럼 필연적이다. 모든 것이 순수 물질로 환원된다면, 모든 것은 물질적 사건처럼 필연적으로 결정되어 있다.

자유주의

그러나 서로 상반된 동기에서 출발하여 내적 자유가 여러 가지로 부정되는 가운데, 그러면 그럴수록 외적 **객관적 자유**에 대한 외침은 같은 시기에 계몽주의의 자유사상 안에서 더 크게 들려온다. 제한 없는 사상의 자유에 대한 요구는 영국 "자유사상가들"freethinkers로 거슬러 올라간다. 처베리Cherbury, 존 로크, 톨란드Toland, 콜린스Collins, 틴들Tindal 등이 그 대변자들이다. 프랑스에서는 볼테르가, 독일에서는 레싱 등이 그런 생각을 따랐다. 사람들은 일체의 교회와 국가의 속박에 맞서 사상의 자유를 요구한다. 사람들은 (다시) 자연법, 자연법칙, 자연 종교에서 표현되는, 이제는 추상적으로 사유된 "자연"physis을 근거로 삼는다.

그런 점에서 자유와 규범의 단절을 자체 안에 포함하는 "추상적" 자유 개념이 계몽주의의 특징을 이룬다. 개인의 자유가 일체의 역사적 사회적 조건들에서 벗어난다. 개인에게는 생각과 행동의 절대적 자율이 귀속된다. 개인의 자유는 더 나아가 신앙과 전통의 의무 규범들에서, 그리고 또 일체의 인간적 또는 신적 권위에서 벗어난다. 이는 신학의 영역에서는 순수 이성 종교 안에서 계시와 교회에 대한 거부로, 경제의 영역에서는 그 어떤 사회적 구속과 속박도 알지 못하는 경제 자유주의로, 정치의 영역에서는 자율적 통치자의 절대주의적 통치 형태로 나아가는데, 이 통치 형태는 국민들이 이와 동일한 자율적 자유를 요구하자 곧바로 프랑스 혁명으로 폐기되고 뒤집힌다. 곧 자유는 투쟁 구호가 된다. 이런 움직임에 공통적인 것은 추상적 자유 개념으로, 그런 자유 개념은 인간의 자유가 구체적 역사적으로 실현되어야 한다는 사실, 절대적 자유의 공허한 공간 안에서가 아니라 구체적 가능성들과 의무들의 범위 안에서 실현되어야 한다는 사실을 간과한다. 그런 자유 개념은 더 나아가 자유가 당위에 의해서는 구속되거나 편협하게 제약되지 않는다는 사실, 오히려 참된 투신을 하도록 비로소 촉구받는다는 사실, 다시 말해 구체적 자유는 그 본질로 볼 때, 도덕적 결단과 책임의 자유로운 실행 속에서 실현되어야 하는 도덕적 자유라는 사실을 간과한다.

나. 칸트의 초월론적 자유

(외적 자유와 내적 자유, 자유와 도덕적 규범의 단절 속에 있는) 자유의 위기라는 그런 배경에서, 거대한 '자유의 철학'을 다시 전개하는 칸트의 업적이 눈에 띈다. 그것은 그의 윤리학, 특히 『실천이성비판』의 맥락에 들어 있다.

도덕적 의무

칸트에게 자유는 결코 아무 것에도 예속되지 않는 순수한 자유가 아니라 본질적으로 도덕적 행위를 위한 자유이다. 따라서 자유는 또한 직접적으로 그 자체로서 경험되거나 인식되지 않고 오히려 항상 **도덕적 의무**의 전제로서만 경험되거나 인식된다. 이 점에서 고전적인 전통의 통찰이 새로운 형태로 생기를 띠고 나타난다. "말하자면 자유와 무조건적인 실천적 법칙이 번갈아 가며 서로를 돌이켜 가리킨다. 여기서 나는 이제 그것들이 실제로 서로 다른 것이냐고 묻지 않고 … 오히려 무조건적-실천적인 것에 대한 우리의 인식이 어디에서 시작하느냐고, 곧 자유에서인가 아니면 실천적 법칙에서인가 하고 묻는다. 자유에서 시작할 수는 없는데, 그 이유는 우리가 자유에 대해서는 직접적으로 의식할 수도 없고 … 경험으로부터 그것을 추론해 낼 수도 없기 때문이다.

… 결국 바로 자유 개념으로 인도하는 것은 … (의지의 준칙準則들Maximen에 복종하자마자) 우리가 직접적으로 의식하게 되는 윤리 법칙이다."(Kr. pr. V. 52 f.). 칸트의 이 진술은 놀랍게도 이미 고전적 고대 철학에서 있었던 자유 의식의 역사적인 발전과 부합한다. 사람들은 자유에 대한 명시적인 반성이 있기 이미 오래 전부터 도덕 행위의 전제 조건으로서 (선善과 덕의) 도덕적 의무에 대해 의식하고 있었다. 그것은 우리의 경험에 자유가 결코 (외떨어진 추상적인 형태로) 그 자체로 주어져 있지 않고 오히려 우리가 무엇을 해야 하고 무엇을 해서는 안 되는지에 대한 구체적인 결단 속에 있는 자유, 곧 도덕적 가치와 의무를 요구하는 자유로만 주어져 있다는 개별적인 경험과도 부합한다. 그리고 이 사실은 다시 플라톤과 아리스토텔레스, 아우구스티누스와 토마스가 일치된 의견을 가지는 자유에 대한 고적적인 견해, 곧 자유는 도덕적 자유이고, 도덕적 결단의 전제 조건으로 경험된다는 견해와도 부합한다.

자유 관념은 "윤리 법칙에 의해 드러난다."(Kr. pr. V. 5). 따라서 칸트는 도덕 법칙의 무조건적 구속력에서 출발한다. 이 구속력은 이론적으로 입증될 수 없고, 이론적 인식의 대상 자체가 아니다. 하지만 그것은 의무 감각 속에서, '선험적으로 의무를 지우는 법칙을 칸트가 가장 보편적인 형태로 표현하려 한' 정언 명령kategorisches Imperativ 속에서 직접 경험된다. "네 의지의 준칙이 항상 동시에 보편적인 입법의 원리로서 통용될 수 있게 행동하여라."(Kr. pr. V. 54). 가장 보편적인 도덕 법칙에 대한 이런 표현이 딱 맞고 성공적인 것인지에 대해서는 의문의 여지가 있을 수 있다. 하지만 결정적인 것은 개별적이고 구체적 내용적인 모든 명령이나 금지의 도덕 의무가 나오게 되는 '무조건적 당위의 초월론적-선험적 제일 구속력'이 전제되어야 한다는 통찰이다. 왜냐하면 의무 그 자체는 경험의 내용이나 상황에 의해서도, 외적 입법에 의해서도 그 근거가 주어질 수 없기 때문이다. 오히려 그것은 칸트의 표현대로 우리가 '의식 안에 있는 직접적 소여所與', 또는 "이성의 사실"Faktum der Vernunft(Kr. pr. V. 특히 B 56; 참조: 72 ff.)로 경험하게 되는 선험적 구속력을 이미 항상 전제하고 있다.

흄의 유용성의 윤리학이나, 섀프츠베리Shaftesbury 등의 도덕적 인격의 심미학적 이상ästhetisches Ideal과 대조적으로 도덕 의무의 무조건적인 성격을 (새롭게) 인식한 것은 이론의 여지없이 칸트의 공헌이다. 문제는 유용성도, 아름다움도, 도덕 외부에 있는 그 어떤 또 다른 가치도 아니고 오히려 유일하게 무조건적으로 의무를 지우는 것, 도덕적 당위이다. 그런 점에서 칸트는 근대 철학에서 소크라테스가 고대 그리스 철학에서 가졌던 것과 비슷한 위치를 차지한다. 소크라테스의 경우처럼 칸드의 경우에도 (아무리 중요한 가치나 가치 영역이라 해도) 그 어떤 다른 가치나 가치 영역도 비견할 수 없는 '도덕적인 것의 무조건적 가치'에 대한 통찰이 분명하게 나타나고 있다.

자율적인 자유

그런 사실은 도덕적 자유를 전제한다. 칸트에게 도덕적 자유는 소극적인 의미에서 경험적-질료적인 '의지의 규정 근거들'에 대한 비종속성을 의미할 뿐 아니라 또한, 외적 자의적 입법이 도덕적으로 의무 지우는 것이 되기 위해 이미 도덕적 의무의 선험적인 구속력을 전제하고 그것에 상응해야 하는 한, 외적 자의적 입법에 대한 비종속성도 의미한다. 하지만 이는 자유가 적극적인 의미에서 순수 실천 이성의 자기 의무 부과 또는 자기 입법(Kr. pr. V 58 f.)이라는 것을 말한다. 이 말은 칸트에게 있어서 결코 이성의 임의성을 의미하는 것이 아니라 오히려 자유를 의미하는데, 자유는 그 선험적인 구속력을 자기 자신 안에 가지고 있고, 자신이 도덕적 자유, 다시 말해 도덕적 행위를 위한 자유라고 분명하게 보여준다.

그런 의미에서 자유는 칸트에게 심리학적 능력이나 그와

비슷한 것이 아니며, 경험적으로 제시할 수 있는 것도 아니다. 오히려 자유는 도덕적 행위가 가능하기 위한 선험적 조건을 이루는, 그리고 (초월론적 환원transzendentale Reduktion 속에서) 오직 그 자체로만 도달될 수 있는 순수 초월론적인 어떤 것이다. 자유는 도덕적 행위의 조건으로서 **초월론적 자유**이다. 따라서 그것은 이론적으로 인식되거나 과학적으로 증명될 수 없는데, 그 이유는 이론적 인식이 가능한 경험과 순수 외현外現의 영역에 제한되어 있기 때문이다. 자유는 오직 도덕적 의무의 조건으로만 제시될 수 있다. 따라서 그것은 "실천 이성의 요청Postulat"이다. 하지만 그것은 필연적인 자연 인과성Naturkausalität에 종속되어 있는 현상phänomenal 세계와 무관하게, 도덕적 행위가 설정되는 '그 자체로 존재하는 지적intelligibel 세계' 안에서 자신의 고유한 인과성, 곧 자유로운 인과성freie Kausalität을 행사한다. 이 두 "세계들"[곧, 현상 세계와 지적 세계]이 서로 어떻게 관계하느냐는 (칸트에게 있어서 풀릴 수 없는) 문제에 대해서는 여기서 다룰 수 없다. 하지만 어쨌든 도덕적 자유는 이론적 지식에 닫혀 있는 형이상학을 위한 통로를 열어준다. 왜냐하면 여기에서 지적인 세계가 열리기 때문이다. 물론 지식에 열리는 것은 아니고, 무조건적 도덕적 의무에 근거하는 실천적인 이성 신앙이란 의미에서 믿음에 열리는 것이긴 하지만 말이다.

이렇게 칸트에게 실천 이성이 이론 이성을 넘어가고 있고, 실천적 믿음이 이론적 지식보다 우위를 차지하고 있다면, 이 사실은 이제 자신의 철학을 자유 이론이라고 이해하는 피히테에게 결정적인 단초를 제공한다. 왜냐하면 "이성은 실천적"이기 때문이고, 자아의 사행事行(Tathandlung), 자유로운 자기설정, 자유로운 자기실행이기 때문이다. 이로써 헤겔에게서 비로소 온전한 발전을 이루게 된 독일 관념론 전체를 위한 단초가 주어지게 되었다.

다. 헤겔의 구체적인 자유

헤겔에게서 다시 한번 위대한 자유 철학이 등장한다. 이 자유 철학은 전체적인 고전적 전통의 요소들을 자신 안에 받아들이고 종합하지만 동시에 (전체 체계의 맥락 안에서) 인간의 자유를 다시 극도로 의문에 붙인다.

정신과 자유

"정신의 본질은 자유이다."[25] 헤겔의 사상 전체가 정신의 철학이라면, (바로 그런 까닭에) 그것은 자유의 철학이다. 인간은 자신의 원의에 있어서 자유롭다는 사실, 인간은 "자신이 원하는 것을 추상적으로, 그리고 그 자체로an und für sich 설정할 수 있다."(VG 118)는 사실은 헤겔에게는 평범하고 증명이 전혀 필요 없는 거의 자명한 생각이다. 그는 자유가 정신의 본질적 "자기 자신과 함께하고 있음"Bei-sich-sein과 동일하다는 것 이상 그 어떤 다른 증명도 제공하지 않는다. 곧 "나는 나 자신과 함께하고 있을 때 자유롭다."(VG 55; 참조: WW XIII, 87). "왜냐하면 정신은 바로 자기 자신 안에 중심을 가지는 것이기 때문이다. 정신은 중심을 추구하기도 하지만, 중심은 자기 자신 안에서 정신이다. 정신은 자신의 바깥에서 통일성을 가지지 못한다. 정신은 그것을 끊임없이 자기 자신 안에서 발견한다. 정신은 자기 자신 안에 있고 자기 자신과 함께하고 있다." 정신은 "자기 자신과 함께하고 있음이고, 바로 그것이 자유이다. 왜냐하면 내가 종속되어 있다면 나는 나 자신이 아닌 타자와 관계하고 있고, 그런 외적인 것 없이는 있을 수 없기 때문이다. 나는 나 자신과 함께하고 있을 때 자유롭다."(VG 55). 헤겔의 이런 진술들이나 이와 비슷한 진술들에서는 아리스토텔레스의 "하우투 헤네카", 토마스의 '자기 자신으로의 완전한 귀환reditio completa in seipsum 속에 있는 정신의 자기소유', 이에 부합하는 피히테의 "자기 자신과 관계하는 행위", ("목적 그 자체"로서의 인격의 자기 가치의 근거가 되는) 데카르트에서 칸트에 이르는 순수한 "나는 생각한다." 등 사유 전통의 근원적인 통찰이 언급되고 있다. 그러나 정신의 그러한 자기-자신과-함께하고-있음은 헤겔에게 그 자체로 이미 자유이다. 곧 자기소유는 자기주도권이다.

그런데 이것은 우선적으로 자유의 그 자체로 있음An-sich-sein이다. 인간은 "그 자체로"an sich 자유롭지만, "자기 자신을 위해서"für sich 자유롭게 되어야 한다. 인간은 자신의 자유를 실현해야 하고, 이를 위해 자유의 의식이 요구된다. 자유는 오직 "자유의 의식意識으로"(WW XI, 569 등등)만 실제적이다.

인류는 그리스도교를 통해 비로소 그런 자유의 의식에 온전한 의미로 일깨워졌는데, 왜냐하면 지금에 와서 비로소 "개인이 하느님의 사랑의 대상과 목적이 되고 또 그럼으로써 인간이 그 자체로 최고의 자유에 규정되어 있게 된 가운데 개인이 무한한 가치를 가지기"(WW X, 380) 때문이다.[26] 말하자면 우리가 자유의 가치를 알기 위해 우리 자유에 대해 의식하게 된 것은 자유의 실현에 속한다. 그럼으로써 비로소 자유의 의식적 투신이 가능하다. 자유 "그 자체"an sich는 이로써 비로소 "나를 위한"für mich 자유가 된다.

자유와 도덕성

그럼 자유는 무엇을 의미하는가? 헤겔은 **자의**恣意(Willkür)**와**

자유Freiheit를 엄격히 구별한다. 임의로 욕구와 성향을 따르는 것은 자유가 아니라 자의이다. 그것은 자연적인 충동에 종속되어 있다. 여전히 종속되어 있거나 제한되어 있는 모든 자유는 단순한 자의로 남는다. 헤겔은 "자유에 대한 영원한 오해"(VG 118)에 대해 이야기하고 심지어 칸트를 비판하는데, 그 이유는 칸트가 법과 도덕성과 국가가 자유를 제한하는 것들이라고 생각했기 때문이다. 그런 것들에 의해 제한되는 자유는 자의이다. 정신과 자유, 이성과 자유는 동일하기 때문에 자유는 본질적으로 이성적인 자유, 곧 오로지 이성에 의해서만 인도될 수 있는 어떤 것, 합리적이라고 간파한 것을 위해 결단하고 투신하는 어떤 것이다. 따라서 법과 도덕성은 속박이나 제한이 아니라 오히려 자유의 적극적인 조건들과 실현들, 헤겔의 표현에 따르면 자유의 "적극적인 실재성과 충족"(VG 111)이다. 이 점에서 헤겔은 (놀랄 만큼 일치하는 표현을 쓰는 가운데) 고전적 전통, 곧 아리스토텔레스의 "이성을 따름"kata logon과 토마스의 '이성을 따라 행함'agere secundum rationem을 따른다.

그 결과 "참된 자유는 … **도덕성**"(Enz. 1830, §469; 참조: WW X, 365)이라는 결론에 도달한다. 이 말은 단순히 교훈적인 의미에서 도덕적 권고로 이해되어서는 안 되고, 오히려 자유의 본질 규정으로 이해되어야 한다. 곧 자유는 이성적인 자유 또는 자유로운 이성이라는 것이다. 도덕규범들은 자유의 제한이 아니라 오히려 자유에 투신하라는 촉구이다. 도덕적 법적으로 마땅히 행해야 하는 것은 항상 이미, "그 자체로" an sich 자유에 의해 원해진 것이다. 바로 '이어야 할 것'에 대한 원의 속에서 자유는 자기 자신과 함께하고 있고 자신을 실현하고 있다. 따라서 국가의 법체계도 "객관적인 자유" (Phil. des Rechtes §258: WW VII, 329)이고, "도덕적 관념의 실재성" (Phil. des Rechtes §257: WW VII, 328)이다. 이때 헤겔은 모든 인간의 권리들을 보호하고 이로써 개인의 자유를 보장하는 당시 형성되기 시작한 자유로운 법치 국가를 염두에 두고 있다. 따라서 국가의 법과 규정은 제한이 아니라 개인의 자유에 대한 보장이다. 다시 말해서 그것은 자유 공간의 보장이며, 사회 안에서 개별 인간의 "주관적인 자유"에 대한 조건으로서 "객관적인 자유"이다.

여기서 더 나아가 **역사의 의미**가 자유에 있다는 결론이 나온다. 역사의 원천과 목표는 자유이다. "역사는 자유 의식意識에 있어서의 진보이다."(VG 63). 왜냐하면 "자유 의식"은 자유의 실현을 위한, 다시 말해 올바르고 합리적이고 책임감 있는 '자유의 투신'을 위한 전제이기 때문이다. 이 사실은 한편으로 자유 의식이 역사 안에서 심화되고 확장되어야 한다는 것을 의미하는데, 그것은 자유인과 노예, 문화인과 미

개인 등의 차이 없이 모든 인간의 자유에 대한 동일한 권리를 점점 더 인식하는 가운데 이루어진다. 자유에 대한 그런 의식의 성장은 분명 역사 안에 있는 참된 진보이다. 다른 한편으로 그 사실은 자유가 자의가 아니라 이성적인 자유라는 것을 다시 의미한다. 자유 의식에서의 진보는 따라서 이성적인 자유의 실현이 늘어나는 것을 의미한다. 자유롭게 수락되고 실현된 법질서와 도덕질서는 인류 역사 안에서 발전되어 나가야 한다. 헤겔에게 이것은 단순히 역사의 의미가 아니라 오히려 역사의 내적 필연이다. 곧 역사는 자유의 역사, 하지만 이성적인 자유의 역사, 그래서 도덕적인 자유의 역사이다.

자유와 필연

이렇게 헤겔은 **자유와 필연** 사이를 "매개"하려 한다. 이는 헤겔의 생각에 자유와 필연이 여전히 대립하고 있는, 칸트와 피히테에 맞서서 주장을 펼치는 것이기도 하다. "모든 체계는 자유의 체계인 동시에 필연의 체계이다. 자유와 필연은 관념적인ideell 요인들이지, 실제적인reell 대립 속에 있는 요인들이 아니다. 절대적인 것은 따라서 두 형태 가운데 그 어느 하나 안에서 자신을 절대적인 것으로 설정할 수 없다 … 그렇게 분리된 자유는 분리된 필연이 형식상의formal 필연인 것과 똑같이 형식상의 자유일 것이다."(WW I, 136). 또 다른 데서는 이렇게 적고 있다. "자유와 필연은 서로 추상적으로 대립되어 있는 것으로서는 유한성에 소속되어 있으며 유한성의 지반 위에서만 타당성을 가진다. 자신 안에 필연을 가지고 있지 않은 자유, 그리고 자유 없는 오롯한 필연은 추상적인 규정들이고, 그래서 진실이 아닌 규정들이다. 자유는 본질적으로 구체적이고, 영원한 방식으로 자신 안에 규정되어 있으며, 그래서 동시에 필연적이다."(WW VIII, 110 f.). 그럼 이 말은 무슨 뜻인가? 자유의 필연이란 무슨 의미인가? 분명히 나는 필연적으로 자유롭고, 내 본질의 필연으로 '내가 결코 벗어날 수 없는' 내 자유 안으로 옮겨져 있다. 그리고 자유의 본질과 함께 내적인 규범이 합리적인 행위에 대한 촉구로서 똑같이 필연적으로 주어져 있다. 자유의 필연은 도덕성이다.

하지만 헤겔이 (이를 넘어) 인간의 자유를 절대적 필연 속으로 지양시키는지, 역사의 흐름을 절대적인 것의 자기실현과 자기전개의 필연적 과정으로 이해하는지, 또 그럼으로써 역사 전체를 절대적인 것 자체의 필연성 속으로 집어넣는지, 그리고 어떻게 그렇게 하는지 등은 여전히 해결되지 않은 문제이다. 헤겔이 세계사를 세계정신에서 출발하여 이해하려 한다면, 곧 "이성의 간계"List der Vernunft(VG 105) 속에서 개인의 목적이나 관심들을 무시하고, 역사의 “희생 제물”을 요구하며(VG 80), 세계정신의 “경영 대리인”을 세우고(VG 99), 개별 인간들을 (절대정신의 매개를 위한 수단이라 하더라도) 자신의 목적 도달을 위한 단순한 “수단”으로 사용하는(VG 87) 세계정신에서 출발하여 이해하려 한다면, 자유와 필연 사이의 그런 “매개”의 문제는 해결되지 않은 채로 있다.[27] 그런 매개가 인간 고유의 자유를 말소하지 않고도 실제로 성공을 거두었는가? 우리는 이 물음에 대해 여기서 어떤 결정도 하고 싶지 않다. 답은 사람들이 헤겔의 사상을 범신론적으로 이해하는지, 얼마나 그렇게 하는지 여부와 관련되어 있다. 근본적으로 그는 분명 그렇게 의도하지 않았다. 이 사실을 헤겔은 충분하리만큼 자주 분명하게 강조했다. 하지만 (스피노자에서 출발하여 셸링을 거치면서 중개된) 범신론적인 경향을 부정할 수는 없다.

라. 결론과 그 이후의 발전

셸링

어쨌든 후기 셸링은 헤겔의 철학을 그렇게 이해했고 이에 대해 단호하게 이의를 제기했다. 그는 (바로 헤겔에 반대하여) 자유의 철학을 펼치려 하는데, 그 원리가 자유인 명시적인 그리스도교 철학으로서 전개하려 한다.[28] 하지만 우선적으로 인간의 자유가 아니라 하느님의 자유를 다루는데, 하느님의 자유는 우리가 거기서 출발하여 경험 속의 실재를 받아들여야 하지만 선험적으로 연역할 수는 없는 자유이고, 거기서 출발할 때만 인간의 자유가 가능하게 되고 보장받게 되는 자유이다. 그런 의미에서 우리는 후기 셸링의 소극적 철학과 적극적 철학의 구별을 이해해야 한다. 소극적 철학은 "필연의 체계", 곧 실재를 연역적으로 추론해 내려 한 선험적인 순수한 '이성의 학문'인데, 셸링은 여기서 피히테의 지식학, 자기 자신의 동일성철학, 그리고 헤겔의 체계를 염두에 두었다. 소극적 철학도 사실 상대적인 타당성을 가지지만 적극적 철학이 이 소극적 철학을 뛰어넘는다. 적극적 철학은 "자유의 체계"이고, 자유로이 실제 세계를 창조하시고 인간을 당신의 자유 속으로 옮겨 놓으셨으며 인간의 역사를 비로소 가능하게 하시는 실제적인 하느님에게 도달한다.

이와 동일한 방향에서 키르케고르와 실존 철학은 이의를 제기하는데, 여기서는 개별적인 것을 보편적인 것 속으로, 자신의 고유한 자유와 개인적인 책임과 자기 자신의 죄와 운명을 가진 구체적 인간을 보편적이고 필연적인 사건 속으로 지양하는 데 대해 항의한다. 다른 한편으로는 마르크스와 그를 따르는 마르크스주의가 최근까지도 사회적 (곧 외적) 자유를 선포한다. 마르크스는 자유의 투신을, 계급 투쟁을 통한 사회 개혁을 촉구한다. 하지만 개별 인간이 사회에 대한 단순한 기능으로 여겨지는 한, 여기서 다시 (헤겔에서 유래하는 것과 같은) 개별적인 것이 보편적인 것 속으로 지양되는 일이 이루어진다. 곧 여기서는 절대적인 정신 과정의 보편 속으로 지양되는 것이 아니라 물질적, 사회적, 경제적 사건의 보편 속으로 지양되는 것으로, (객관적인) 자유의 이름으로 (주관적인) 비非자유의 체계가 설립된다. 이렇게 자유의 문제는 (실천적으로도) 현재에까지 영향을 미치고 있다. 한편으로는 심리학적, 사회학적, 실증주의적, 유물론적 이유에서 의지의 주관적 자유가 여러 가지로 부정된다. 다른 한편으로는 그럴수록 사회적 정치적 공간 안에서 객관적 자유가 격렬하게 요청된다. 그러나 그런 가운데 항상 새롭게 자유에서 자의로, 또 그래서 참된 자유에서 아주 완고한 비非자유로 급변하는 현상이 뚜렷하게 나타난다.

기본자유

우리는 여기서 자유의 문제를 예를 들어 하이데거, 사르트르, 신新마르크스주의, 프랑크프루트학파 등등의 현대 철학 사상 안에서 더 살펴볼 수 없다. 이를 위해서는 독자적인 연구가 요구된다. 하지만 이번 장을 마무리하면서 우리는 셸러,[29] 플레스너,[30] 겔렌[31] 같은 철학자들 이래로 전개된 최근의 철학적 인간학에 대해서만은 암시해야 할 것 같은데, 이들은 인간이 동물의 "주변세계 종속성"과 대조적으로 "주변세계에 묶여 있지 않고 자유롭다"고, 따라서 "세계 개방적"이라고, 더 좋은 표현으로는 (하이데거의 표현대로) "존재 개방적"이라고 거듭 강조한다. 하지만 주변세계에 묶여 있지 않은 자유로운 태도는 (셸러가 말한 의미의) 단순히 "정신"만의 특징이 아니며, 오히려 특히 포르트만[32]이 밝혀주었듯이 인간의 생물학적 구조, 신체 구조, 지체 구성, 인간 고유의 인생 주기 안에서 이미 표현되고 있다. 따라서 이미 인간은 자신의 생물학적 현존재와 전체 태도에서 본래의 정신적 인격적 문화적 행동을 하도록 타고났고, 그렇게 정향定向되어 있으며, 그럴 수 있도록 "자유롭게 되어" 있다. 인간은 주변세계에 직접 붙어있지 않고, 세계와 자기 자신에 대해 스스로 행동하도록 책임을 맡고 있다. 인간은 직접성 속에서 살지 않고 오히려 자신의 세계에서 자기 자신의 매개媒介 속에서 산다. 이미 이것이 원천적인 자유, 인간에게 본질적인 자유인데, 이 자유는 의지의 자유보다 앞서 주어져 있고, 그것을 우리는 "기본자유"Grundfreiheit라고 부를 수 있다.[33] 이 자유는 인간의 태도 전체를 규정할 뿐 아니라

지적 인식이 가능하기 위한 조건이기도 하거니와, 인간은 지적 인식을 통해 감각적으로 주어진 것과 충동적으로 파악한 것의 직접성에서 풀려나고, 사물들과 거리를 두게 되며, 그럼으로써 비로소 사물들의 존재와 의미를 파악할 수 있게 된다. 인간은 생각의 자유 안에서 자신에게 정신의 고유한 세계를 만들어준다. 그런데 기본자유는 정신적 인식을 통해서, '우리 자신의 뜻에 따라 삶을 펼쳐나가고 우리의 행위를 규정하는' 명시적인 의지의 자유로 매개된다. 여기서 새로이 자유가 인간의 본질임이 드러난다. 곧 우리가 자유를 (생각의 자유를 거쳐 원의와 행위의 자유로 매개되는, 그리고 자신의 상호 인격적, 사회적, 역사적 전체 실재 안에서 개별 인간의 인격적인 자유로서 '주관적 자유와 객관적 자유의 상호 조건 관계 속에서' 전개되어야 하는) 본질적인 기본자유의 전체적인 넓이와 깊이를 가진 자유로 이해한다면 말이다.

역사적 고찰을 통해 살펴본 내용을 우리는 다음과 같이 짧게 요약할 수 있다. 자유는 인간의 자기이해의 기본 경험이다. 하지만 자유는 "추상적으로" 그 자체로 순수하고 무조건적인 자유로서가 아니라 오히려 항상 "구체적으로만" 도덕적 결단과 책임의 전제로서 우리에게 명백해진다. 따라서 도덕적-법적 질서는 본질적으로 자유의 제한이 아니라 오히려 주관적 자유의 객관적 조건이다. 법은 자유 공간의 보장이다. 도덕적 가치들과 의무들은 자유의 투신에 대한 촉구이다. 이를 위한 규범은 우리의 자유로운 행위를 이끄는 이성에 있다. 항행航行하는 것은 이성의 일이다. 하지만 인간의 자유는 우리가 그 안에 살고 있는 실재가 이 자유에 공간을 제공해 줄 때에만, 그것이 자유에서 나와 자유로울 수 있게 형성되어 있을 때에만, 다시 말해 인간의 자유를 원하시고 인간을 자유롭게 해 주시는 자유로우신 창조주에 의해서 그렇게 형성되어 있을 때에만 가능하다. 인간의 자유는 선善을 행하도록 자유롭게 된 자유이고, 따라서 선 자체를 향해, 무제한적 선성과 완전성을 향해 정향定向되어 있다. 그것은 "최종 목적"finis ultimus으로서 "최고선"summum bonum이신 하느님 안에서만 충만과 완성에 이를 수 있다. 인간의 자유는 자유의 실행 속에서 하느님을 항상 이미 전제하고 있다. 이것을 알아보고 인정하는 사람만이 참으로 자유로울 수 있고, 자신의 자유를 온전히 실현할 수 있다. 성경을 인용하면 이렇다. "너희는 자유롭게 되기 위해서 해방되었다."(참조: 갈라 5,1). 하지만 오직 "진리가 너희를 자유롭게 할 것이다."(요한 8,32).

자유와 대립되는 필연

예로부터 **고대 철학과 그리스도교**의 종합은 서양 문화의 기반으로 인정받아 왔다.[34] 이는 함께 영향을 미친 모든 역사 요인들을 다 고려하지 못한 짧은 역사적 규정일 수 있다. 그러나 서양 사상의 전통은, 특히 철학적인 영역과 신학적인 영역에서는, 그 결정적인 뿌리들이 분명 그리스 철학 사상과 그리스도교 신앙 안에 있다. 하지만 사람들이 빈번히 언급하곤 하는 그리스 사상과 그리스도교의 종합은 결코 의문을 남기지 않는 말끔한 일체가 아니었다. 그런 종합은 항상 여러 문제점을 안고 있었고, 그 안에 상반된 요소들이 긴장 관계를 이루고 있었다. 그런 종합은 한 번도 온전하게 궁극적으로 아무 잡음 없이 이루어진 적이 없다.

최근 들어 사람들은 본래의 그리스도교가 그리스 사유 방식에 의해 소외되거나 위조된 형태로 겹쳐졌다는 의미에서 그리스도교의 **"그리스화"**에 대해 자주 말하며, 이에 맞서 그리스도교의 "탈脫그리스화"Enthellenisierung를 요구한다.[35] 대체적으로 이는 분명 사실이 아니다. 사실 그리스도교 사유가 그리스 철학에 신세를 많이 지고 있고, 변함없는 정당한 생각을 하는 데 많은 도움을 받았다는 것은 명백한 사실이다. 오늘날에는 그리스도교적-신학적 사유가, 이미 교부 시대와 초기 공의회들의 시대에도, 아무 비판 없이 그리스-헬레니즘 철학의 손에 맡겨져 있지 않았고, 오히려 그리스도교 신앙 유산을 개념적으로 표현하려고 노력할 때 의식적으로 정신적 주변세계와 거리를 두었다는 사실[36] 역시 타당하게 입증될 수 있다. 그럼에도 불구하고, 그리스 사유와 그리스도교 신앙의 대립 속에서도, 그리스 특유의 사고, 특히 신플라톤주의가 항상 심대한 영향을 미쳤는데, 신플라톤주의는 서양 그리스도교 공간 안에 항상 새로운 물결을 일으키며 파고들었고, 중세 전체를 거쳐 근대 철학에 이르기까지 계속 영향을 주었으며, 늘 새롭게 그리스도교 사유와 도전적 논쟁을 불러일으켰다.

우리는 이런 광범위한 문제 제기의 영역 안에서 극히 중요한 하나의 관점에만 제한하여 생각해 보려 한다. 그리스 사유와 그리스도교 사유 사이의 대립은 형식적인 사유 방식들이나 표상 방식들의 차이에 있다기보다는[37] 오히려 내용적인 기본 신념들의 차이에, 특히 그리스의 필연과 그리스도교의 자유 사이의 대립에 있다. 여기서 문제는 우선적으로 인간의 자유가 아니라 '필연적 유출流出(Emanation)의 모든 형태와 대조를 이루는' 하느님의 자유이다. 하느님의 창조적 자유만이 인간에게 자유의 공간을 보장할 수 있다. 그것은 인간 자유의 가능성의 조건이다. 하지만 우리 연구의 목적은 자유에 대한 생각을 발전 전개하는 것이 아니라 서양 사상사 안에서 여러 형태로, 하지만 대부분 동일한 뿌리에서 나와 영향을 미치고 있는 '필연에 대한 생각'을 추적해 보는 것이다. 곧 자유와 **대립되는** 필연을 추적해 보는 것이다.

이를 적어도 (요약적 그리고 단편적으로 개관하면서) 간결하게 보여주기 위해 우리는 우선 그리스의 '필연에 대한 생각'을 알아보고, 그러고 나서 그리스도교 공간 안에서 미친 그리스적 사유, 특히 신플라톤주의적 사유의 영향을 살펴본 다음, 끝으로 근대에서 현대에 이르기까지 그것이 어떻게 작용했는지 살펴보게 된다.

가. 그리스 철학 사상 안에서 필연

시간의 순환?

모든 발생 사건의 필연ananke에 대한 그리스 사유는 아주 오래된 표상 방식들에서 유래한다. 그런 그리스 사유는 성경-그리스도교 사유 안에 있는 "직선적"linear 시간관 및 역사관과 대조를 이루는 그리스 사람들의 **"순환적"**zyklisch 시간관 및 역사관과 자주 연결 지어지곤 한다. 그리스인의 영원한 귀환의 폐쇄적 순환이 발생 사건의 유일무이성과 반복 불가능성, 그리고 자유 결단과 책임의 돌이킬 수 없는 구속력을 무력화시킨다는 것은 사실이다. 또 그래서 진정한 역사는 더 이상 존재하지 않는다는 것도 사실이다. 또 그렇기에 역사는, 우리가 그것을 그리스도교적으로, 유일무이하고 폐기될 수도 반복될 수도 없는 구원 사건들이 발생하는 구원의 역사로 이해할 때, 직선적으로 발전하는, 되돌릴 수도 뒤쪽으로 돌아 순환한다고 생각할 수도 없는 시간의 차원을 전제한다는 것도 사실이다.[38]

하지만 순환적인 표상이 보편적이고 자명하게 전제된, 고대 그리스 사상의 시간관 및 역사관이라고 주장하는 것은 결코 역사적으로 증명할 수 있는 사실이 아니다. 그것은 역사적인 전설 구성, 특히 니체의 "동일한 것의 영원한 회귀"[39]설에 의해 촉진된 근대의 해석과 구성의 전형적인 사례이다. 헤라클레이토스 이래 그런 의미로 해석될 수 있는 진술들이 있다 하더라도,[40] 그것은 폐쇄적 순환이란 의미에서 엄밀하게 "순환적인"zyklisch 회귀가 아니라 오히려 발생사건의 "주기적인"rhythmisch 반복을 생각한 것으로 보인다. 곧 시간의 진행을 폐기하지 않는 … 낮과 밤, 여름과 겨울, 삶과 죽음[41] 말이다. 또한 영혼의 윤회나 환생에 대한 오르페우스 신화나 피타고라스 철학에서도 결코 무한히 순환하는 사건 진행을 염두에 두지 않았다. 오히려 명백하게 시작과 끝이 있다. 곧 신통계보학적神統系譜學的-우주기원론적theogonisch-kosmogonisch 원천arche에 있는 어떤 시작과 (목적telos에 궁극적으로 도달함으로써 삶과 죽음의 순환에서 구원되길 바라고 추구하는) 어떤 끝이 있지, 결코 영원한 회귀가 아니다. 비슷한 생각이 엠페도클레스[42)]에게도 있었는데, 하지만 그에게도 사랑philia과 반목neikos이 주도권을 서로 주고받으면서 뒤섞여 이루어지는 우주의 동일한 진행단계들의 주기적 회귀가 영원히 동일한 것의 경직된 반복을 의미하는 것은 분명 아니었다. 아낙사고라스[43)]의, 그리고 또 플라톤과 아리스토텔레스의 영원한 "회전"perichoresis에 대해서도 우리는 그렇게 말할 수 없다. 오히려 이 말은 시간의 진행을 폐기하지 않는 천체 세계의 항구한 순환을 뜻한다. 특히 헤로도토스와 투키디데스 등 그리스 역사가들에게는 영원히 동일한 것의 회귀에 대한 믿음은 말도 안 되는 것이었다. 그런 주장을 했다고 생각되는 모든 증인들을 개관해 볼 때 우리는 그들에게서 그리스 사람들이 엄밀한 순환적zyklisch 표상방식을 당연하게 전제된 보편적인 시간관 및 역사관으로 가지고 있었다는 사실을 찾아볼 수 없다.[44)] 그들은 순환적 회귀가 아니라, 시간의 직선적 진행을 폐기하지 않고 오히려 전제하는 주기적rhythmisch 회귀를 생각했다. 발생 사건의 순환에 대한 생각은 신플라톤주의 사상 안에서 사변적으로 다시 나타나고 심화되는데, 여기서는 순환에 대한 생각을 통해 모든 것을 신적인 근원적-일자一者 안으로 중개해 집어넣는다. 하지만 심지어 여기에서도 순환을 엄밀하게 순환적인 것으로 생각하지 않고 오히려 주기적으로 생각했다는 사실을 "나선형의 시간"helikoeides chronos[45]에 대한 프로클로스의 괄목할 만한 진술이 보여준다. 프로클로스가 명시적으로 설명하듯이 나선은 "직선과 원을 동일한 방식으로 포함하고 있기"[46] 때문에 시간은 "나선형이다".

필연

그리스 사유에 전형적인 것은 이와 다른 것이다. 곧 영원한 회귀가 아니라, 인간과 신들을 지배하는 피할 수 없는 운명moira, heimarmene의 무조건적 **필연**ananke이다. 이미 초기 그리스 철학의 첫 증인인 아낙시만드로스의 말에도 이 생각이 그 바탕에 깔려 있다. 그는 만물의 생성과 소멸에 대해 말하면서 "만물은 시간의 질서(또는 지시)에 따라 저지른 불의에 대해 서로 벌과 벌금을 지불한다."[47]고 말한다. 생성과 소멸은 죄와 속죄로 해석된다. 그러나 죄는 자신의 고유한 행위를 통해 저지른 것이라기보다 오히려 운명적인 죄로 인한 것인데, 운명적인 죄인데도 이 죄는 가차 없는 속죄를 요구한다. 그 이면에는 모든 것을 지배하는 '운명의 필연'에 대한 확신이 있다. 신화적 표상들에서 유래하는 그런 생각은 나중에 소포클레스와 에우리피데스[48]의 고전적 비극의 기본 주제가 되고, 그리스 철학에서도 항상 등장한다. 플라톤도 "신들조차 필연과는 싸우지 않는다."[49]고 말한다. 그렇다고 여기서 인간의 (또는 신의) 행위가 자유의지적이지 않다고 말한 것은 아니다. 하지만 도덕적으로 책임 있는 자유로운 행위도, 벗어날 길 없는 운명이 명한다면, 운명적 죄에 휘말리게 되고 속죄가 이루어져야 한다.

우리는 그런 필연적 운명에 대한 생각이 정말 그리스인의 자연스런 자기이해에서 나온 것인지, 아무리 그렇다 해도 기도와 경신행위敬神行爲에서 표현되는 '신들에 대한 믿음과 신뢰의 개인적 종교적 관계'가 비인격적인 익명의 '운명의 필연'에 대한 믿음을 깨뜨리고 돌파하는 것은 아닌지 물을 수 있다.[50] 이것이 종교적인 민간 신앙에 얼마큼까지 해당되는지는 알기 쉽지 않다. 하지만 여러 글에 나오는 증언들에서는 필연적 운명에 대한 그런 믿음이 끊임없이 일관적으로 나타나기 때문에 우리는 그리스인의 자기이해 안에서 그런 믿음에 무게를 싣지 않을 수 없다.

더 나아가 여기서 출발할 때 그리스 철학 전체는 필연의 마지막 지평을 사유를 통해 따라잡고 잘 제어하려는, 그리고 가능하다면 그것을 우리 마음대로 다룰 수 있는 것으로 만들려는 늘 새롭게 시도하는 위대하고 집중적인 시도라고 이해할 수 있다. 여기에 어쩌면 일방적이고 그래서 종종 비판 받아 온 '그리스 사상의 사유 방향'의 근원이 있거니와,

그것은 현상 세계의 개별적이고 가변적인 사물들에 반해 보편적인 것과 필연적인 것을 겨냥하는 사유 방향이다. 모든 것이 영원히 필연적으로 앞서 결정되어 있다면 개별적인 것, 우발적인 것은 그리스 사상가에게 그리 중요한 문제가 아니다. 최종적인 필연을 사유 노력을 통해 따라잡으려는 그런 노력은 이미 초기 이오니아 철학자들에게서 시작되었다. 밀레토스의 탈레스의 "모든 것의 첫 근거"arche panton에 대한 물음이 그런 것이었고, 아낙시만드로스가 그런 첫 근거를, "거기에서" 모든 것이 생겨나고 모든 것이 필연적인 '시간의 발생 사건' 속에서 "거기로" 소멸해 들어가는 "무한정적인 것"apeiron이라고 생각하고 있다면 더 분명하게 그런 것이었다. 이와 동일한 '세계 사건발생의 필연'을 헤라클레이토스는 대립적인 것들의 싸움 속에 있는 생성 소멸의 영원한 법칙인 "로고스" 안에서 찾은 반면, 파르메니데스는 그것을 변화무쌍한 세계의 거짓된 가상假象과 대조를 이루는 영원히 정지되어 있는 "존재" 안에서 찾았다. 또 아낙사고라스는 필연에 대한 근거를 영원한 이성nous에서 보았다. 더욱이 플라톤의 이데아론은, 모든 것을 뛰어넘어 규정하는 역할을 하는 '마지막 필연의 지평'을 따라잡으려는 또 다른 시도이다. 그것은 감각적 경험의 가상 세계 저편에 있는 영원한 이데아들을 상기적想起的-변증법적으로 포착함으로써 이루어진다. 아리스토텔레스의 경우에는 그런 관점이 분명 뒤로 물러나지만, 그래도 영원히 필연적인 운동 원리들(질료와 형상) 안에서 계속 영향을 미치고 있다. 하지만 필연에 대한 그리스 사유는 플로티노스에서 프로클로스에 이르는 신플라톤주의의 유출설에서 훨씬 많이, 그리고 훨씬 명시적으로 표출되고 있다.

신플라톤주의

그리스 사유가 서양의 정신생활에 미친 영향에 대해 말할 때 우리는 인본주의적 전통에서 출발하여 무엇보다 고전 그리스 철학을 생각하는 경향이 있을 뿐 고대 후기 **신플라톤주의** 안에서 나름 아주 멋지게 이루어진 최종적인 '그리스 사유의 완성'에 대해서는 별로 생각하지 않는다. 신플라톤주의는 다시 한번 그리스 철학 특유의 사유 동기들을 사변적이고 체계적으로 전개한다. 하지만 이때 신플라톤주의는 밀려드는 그리스도교의 명시적인 저항에 이미 부딪히게 되는데, 자신의 전통을 의식하고 있는 그리스 사유로서, 부분적으로 자신과 극히 모순되는 그리스도교 신앙에 맞서게 된다. 사람들은 신플라톤주의의 의미와 신플라톤주의가 그리스도교 공간 안에서 미친 광범위한 영향에 대해 최근의 연구를 통해 더 많이 인식하게 되었다.[51]

신플라톤주의적 사유의 작용과 영향의 관점에서 우리는 특히 세 가지 요소에서 표현되는 이 사상의 기본구조를 분명히 알아야 한다.

(1) 플로티노스가 "일자"一者(hen)라고 부르는 첫 근원적 근거는 진술에서 설정되는 (주어와 술어의) 이원성이든 아니면 모든 지식과 의식의 기반을 이루는 (주체와 객체의) 이원성이든 모든 이원성에 앞선 순수한 **일성**一性이다. 따라서 우리는 그것이 무엇인지 말할 수 없고 오직 그것이 무엇이 아닌지만 말할 수 있을 뿐이다(부정신학否定神學). 초超진자眞者[참된 것], 초超선자善者[좋은 것], 초超존재자存在者로서 그것은 우리를 벗어나 무지의 어둠 속에 머문다. 주체-객체-이원성의 저편에서 그것은 대상적 진술의 객체일 수도 없고, 인식과 의식의 주체로 생각될 수도 없다.

(2) 이 사실에서, 그런 근원적 근거로부터 사물들이 **생겨나는 것**은 신의 자유로운 창조 행위에 기인할 수 없고 오직 신적인 넘치는 충만의 필연적 유출流出(Ausströmen) 또는 방사放射(Ausstrahlen)에 기인할 수 있을 뿐이라는 결론이 나온다. 여기서 그리스 사유의 '유출Emanation의 필연'과 그리스도교의 '창조의 자유', 이 두 입장이 첨예하게 대립된다. 이성도 일자로부터의 유출 이후에, 대립된 주체와 객체로 둘로 나뉨으로써 비로소 정신 또는 의식으로 구성될 수 있다.

(3) 첫 시작의 일성一性은 최종 목적의 일성을 요구한다. 세계의 '신적인 근원적 근거로의 **귀환**'은 일자一者와의 영혼의 합일 속에서 실행되는데, 이는 여전히 대상적이고 유한한 주체-객체-이원성 아래 있는 인식과 지식을 통해서가 아니라, 의식의 한계들을 뛰어넘는 신비적인 합일을 통해서 이루어지는 것으로, 그런 합일 속에서 영혼은 "알면서 알지 못하는 가운데" 신 안에 침잠하게 되고 신과 융합하게 된다. 이런 생각은 이어지는 시기에 신비 신학 전체, 곧 신플라톤주의 사상이 본질적으로 계속 살아 있는 '그리스도교, 유다교, 이슬람교의 중세 신비학'에 깊은 영향을 주었다.

이런 요소들은 나중에 프로클로스에 의해 일자의 '자기 자신 안에 머묾mone', 사물들의 '일자로부터 나옴prohodos', 영혼의 일자와의 합일을 통한 세계의 '되돌아감epistrophe'(귀환)으로 꼼꼼하게 체계화되었다. 이를 통해 프로클로스는 여러 형태로 영향을 주게 될 사유 도식을 제공해 줄 뿐 아니라 헤겔의 변증법까지 미리 보여주는 삼단적三段的 사고를 발전시켜 나가기도 한다. 우리는 그런 사고를 체계의 전체적 삼단三段(Triade)에서뿐 아니라 모든 개별적인 삼단들 안에서도 찾아볼 수 있는데, 이 개별적인 삼단들은 이미 프로클로스에 의해 항구히 반복되는 순환들의 변증법적 과정들로 생각되고, 그래서 전체 체계는 모든 것을 '절대적이고 자기 자신을 실현하고 자기 자신을 드러내는 일자' 안으로 매개하는 "순환들의 순환"으로 묘사된다. 이렇게 그리스의 필연은 결과적으로 범汎-일성으로 표현된다.[52)]

나. 그리스도교 공간 안에서 그리스 사유의 영향

그리스적인 생각, 특히 신플라톤주의적인 생각이 그리스도교 철학과 신학에 미친 정신적 영향은 광범위하고 매우 다양하다. 그러한 발전 과정에 대해 여기서 개별적으로 자세히 살펴볼 수는 없다. (그런 작업은 끝이 없는 작업이기도 하다.) 우리는 여기서 오직 발생 사건의 필연성에 대한 특유한 그리스적 사고가 그리스도교 공간 안으로 들어가게 되고 또 그때마다 새로운 논쟁과 토론을 자극한, 늘 새롭게 밀어닥친 경향들과 흐름들을 순서대로 암시하는 것으로 그치려 한다. 물론 우리는 서로 다른 흐름들을 칼로 자르듯이 분명하게 갈라놓을 수 없다. 하나는 다른 하나 속에 많든 적든 파고들어 있고, 하나는 다른 하나와, 아니면 다른 근원을 가진 다른 사유 동기들과 결합되거나 겹쳐 있다. 사상사는 여러 형태의 살아 있는 과정이다. 그럼에도 불구하고 우리는 간단히 설명하는 가운데 그런 과정의 여러 단계들을 추적해 볼 수 있다.

필론

성경의 신앙과 그리스 철학을 종합하는 문제는 유다교 신앙 유산을 폭넓게 그리스화한 알렉산드리아의 필론에게서 이미 분명하게 나타난다. 세상 창조는 (그리스 사상에서 볼 수 있듯이) 영원한 물질을 전제하며, 중간 존재들을 거쳐 단계적으로 진행되는 신으로부터의 필연적인 유출을 통해 설명된다. 그런 배경에서, 그리고 일반적으로 헬레니즘 정신세계에서 자유로운 창조에 대한 신앙을 명확히 말로 표현하는 것이 그리스도교적 사유에 얼마나 어려운지를 그리스도교 신앙을 가진 알렉산드리아인들, 특히 위대한 학자 오리게네스는 잘 보여준다. 그는 그리스도교 신학자임에도 불구하고 그리스 사유 전통, 특히 플라톤 사상의 영향 아래 있는 사유 전통에 머물고 있기 때문에, 그리스적 필연에 맞선 그리스도교적 자유를 제대로 이해하지 못하고 있다. 그에게 자유는 하느님의 자유로운 창조 행위 안에서 구성되지 않고, 유한한 존재들이 자신들의 '신적인 로고스 안에서 이루는 합일'로부터 "떨어져 나가고", 근원을 거슬러 "반란을 일으킨" 데서 구성되는 것 같다. 떨어져 나가고 반란을 일으킨 데 근거하는 자유는 근원적인 죄를 의미한다. 이것은 소극적인 자유 개념이다. 엄밀한 의미에서 참되고 타당한 것, 본래 있어야 하는 것은 신적인 필연, 이 필연 속에 머묾, 아니면

(적어도) 이 필연으로의 귀환이다.[53] 오리게네스를 많이 수용하지만 교정하기도 하는 카파도키아 교부들에게 있어서도, 니사의 그레고리우스에게서 볼 수 있듯이 그리스적 의미에서의 '발생 사건의 필연'과 대조되는 자유에 대한 분명하게 정리된 표현은 아직 없다.[54]

하지만 성경 자체 안에도 하느님의 자유는 명시적으로 언급되거나 주제적으로 전개되지 않고 오히려 전제되어 있을 뿐이라는 사실에 주목해야 한다. 하느님은 세상을 창조하셨고, 당신의 백성을 선택하셨으며, 이 백성의 역사 안에서 살아계신 하느님으로 활동하신다. 그분은 노예살이에서 자유로 이끄시는 "해방시키는" 하느님이시다. 그분은 순종과 참회와 회개 등등을 요구하신다. 그러나 성경 안에 인간의 의지의 자유에 대한 가르침이 거의 없는 것처럼 하느님의 자유 자체에 대한 명시적인 가르침도 없다. 하느님의 자유는 배경을 이루는 것으로서 당연하고 자명한 것으로 머문다. 신약 성경 안에서도 "자유로운"eleutheros 또는 "자유의지적인"hekon 등의 말은 결코 하느님에 대해 언급되지 않는다. 그러나 구원과 사랑의 하느님이시며 우리에게 구원을 선사하시고 영원한 생명을 약속하신 하느님이신 예수 그리스도의 아버지가 자유롭게 행동하시는 하느님이시라는 사실이 여기에서는 당연히 전제되어 있다. 하지만 그것은 신학적 숙고와 반성을 요구하는데, 그런 신학적 숙고가 헬레니즘적인 사고 환경에서 아주 분명한 형태로 무르익는다는 것은 요원한 일이다.

플로티노스

3세기 이래 플로티노스에 의해 당대 주도적인 철학이 된 본래의 신플라톤주의는 그리스 사유의 또 다른 강력한 "유입"을 의미한다. 우리가 궁금해하는 물음에 대한 가장 핵심적인 요소들에 대해서는 이미 언급했는데, 그런 요소들 안에서 특유의 그리스적 사유 동기들이 새로운 사변적 통일성을 이루며 발전되었다. 하지만 주목할 만한 점은 이 신플라톤주의도 (필론과 오리게네스처럼) 이집트 알렉산드리아에서 유래했다는 것이다. 거기서 플로티노스도 오리게네스와 함께 같은 스승 암모니오스 사카스Ammonios Sakkas의 제자였다고 한다. 여기서는 그리스적 표상 외에 피라미드의 하강과 상승 같은 고대 이집트적 표상도, 하강과 상승이 이집트 신화의 신적인 중간 존재들을 통해 매개되어, 같이 작용하지 않았을까? 이를 해명하기 위해서는 필론에서 플로티노스 등등에 이르는 알렉산드리아적 사유와 이집트 전통의 종교적 표상 세계를 관련지어 살펴보아야 할 것이다.[55] 다른 한편으로, 특히 플로티노스의 제자이자 플로티노스 전기傳記

작가인 포르피리오스가 15권으로 된 『그리스도인들에 맞서』 *Gegen die Christen*에서 증언하고 있듯이, 이 신플라톤주의가 이미 새롭게 파고드는 그리스도교에 맞서 명확한 방어적인 입장을 취하고 있었다는 사실 역시 이에 못지않게 주목할 만하다. 여기서 문제는 그리스도교 신앙의 "우둔"에 맞선 그리스의 지혜이다.[56]

그리스도교가 확고한 자리를 차지할 수 있게 되고 콘스탄티누스 황제 이래로 자유와 후원을 받게 된 후 신플라톤주의적 사고를 그리스도교적으로 수용하고 극복하려 노력한 것은 무엇보다 아우구스티누스이다.[57] 관념들, 곧 아우구스티누스의 경우 "영원한 진리들"은 더 이상 (플라톤적인 의미에서) 자립적인 존재들도, (신플라톤주의적인 의미에서) 신적인 근원적-일자와 구별되는 이성nous의 사유들도 아니며, 오히려 하느님의 영 자체 안에 있는 사유들인데, 그것들에 우리는 신적인 조명illuminatio을 통해 참여한다. 아우구스티누스는 무엇보다, 자유로이 창조하시고 구원하신 하느님, 자유로이 선택하시고 벌하시는 살아 계신 인격적 하느님이 더 이상 문제가 되지 않는 그리스도교 신학자이다. 부정신학否定神學의 문제에서 그는 우리가 하느님을 인식할cognoscere 수는 있지만 이해할comprehendere 수는 없다고 함으로써 해결책을 제시한다. 그러나 그가 하느님의 "초超본질성"의 문제든, 세계가 '거기서 나와야 하는 원천'의 동일성 안에 있는 차이성의 문제든, 신플라톤주의자들의 사변적인 문제들을 제대로 해결할 수 있었는지는 이와 다른 문제이다. 아무튼 아우구스티누스는 라틴 서방에서 그리스도교 신학을 위한 길잡이 역할을 했다.

디오니시우스

하지만 (동방 그리스로부터) 다시 한번, 훨씬 뚜렷하게 신플라톤주의 사상이 그리스도교 사유에 깊은 영향을 주게 되는데, 이번에는 불가사의한 디오니시우스 아레오파기타의 문헌들을 통한 것이었다. 불가사의한 것은 우리가 저자를 알지 못하기 때문만이 아니다. 이 문헌들이 프로클로스의 영향을 크게 받고 있다는 사실이 이미 한 세기 전에 입증된 이후에 사람들은 그것들이 500년 이후 시리아 지역에서 생겨났다고 받아들인다. 저자가 누군지는 여전히 알려지지 않은 채로 있다. 이보다 더 불가사의한 것은 저자가 이론의 여지없이 그리스도교 신자였지만[58] 그의 사고는 그리스도교보다는 신플라톤주의의 영향을 더 많이 받고 있다는 것, 그는 그리스도교적인 것을 신플라톤주의적인 사고방식으로 해석하고 있다는 것이다. 플로티노스의 근원적 일자一者가 여기서 신적인 근원적 근거thearchia로 다시 등장한다. 이 근원적 근거는 우리가 말로 표현할 수 없는 것이지만, [비인격적인 존재 근거로서(?)] 필연적인 유출들 속에서 전개되는데, 이 유출들에는 그것이 "초超본질적으로" 존재를 지탱하고 존재를 규정하면서 (실체적으로hypostatisch) 현존하고 있고, 일자一者와의 플로티노스적 합일 속에서 자기 자신을 완성하는 가운데 이 유출들을 귀환 과정 속에서 자기 자신 안에 도로 받아들인다. 이는 플로티노스 및 프로클로스와 밀접히 연결되어 있는 신플라톤주의적 유출 체계이다.[59]

위僞-디오니시우스는 신플라톤주의적 사고가 그리스도교 공간 안에서 영향을 미치는 데 있어서 핵심적인 위치를 차지한다. 특히 고백자 막시무스Maximus Confessor에 의해 확고하게 자리 잡은 그의 권위는 중세 때 두 개의 착오가 떠받쳐 주었는데, 하나는 사람들이 그가 바오로 사도의 제자(참조: 사도 17,34)와 동일하다고 생각한 것이고, 다른 하나는 파리 근교 생드니St. Denis에서 존경을 받은 프랑스의 사도와 동일하다고 생각한 것이다. 그런 전제 아래 그의 저술들은 이미 이른 시기에 라틴어로 번역되었다. 그런 번역은 제일 먼저 9세기에 생드니의 힐두인Hilduin 수도원장에 의해, 그리고 더 성공적으로는 약간 후에 요한 에리우게나에 의해 이루어졌다. 요한 에리우게나는 위僞-디오니시우스에서 출발하였지만 『자연의 분류』*De divisione naturae*에서, 사변적으로 그보다 더 뛰어나게 신플라톤주의적-그리스도교적 유출체계를 펼쳐나갔다. 그리스도교 중세의 첫 독자적 체계화 시도가 순수 신플라톤주의적으로 규정되었다는 것은 주목할 만한 사실이다. 이는 토마스 아퀴나스 등등의 중세 전성기 사상가들도 디오니시우스를 주석하면서 씨름해 나가야 했던 하나의 배경을 이룬다.[60]

눈에 띄는 또 다른 사실은 중세의 **신비** 신학 거의 전체가 (근대에 이르기까지) 그리스도교 공간뿐 아니라 유다교와 아랍-이슬람교의 공간 안에서도 신플라톤주의적인 정신으로 살았다는 것이다. 이 말은 '분명 그리스도교만의 것이 아니라 보편적으로 종교사적인 현상인' 참된 신비적 신神 체험을 염두에 두고 하는 말이 아니다. (이미 이교도인 플로티노스도 무아경 체험을 했다고 한다.[61]) 오히려 그것은 신과의 합일과 융합으로서의 신 체험의 직접성을 사변적으로 근거 놓아야 한다는 철학적 신학적 신비학의 주장을 두고 하는 말이다. 중세의 거의 모든 그런 노력들이 마이스터 엑카르트와 니콜라우스 쿠자누스에 이르기까지 분명하게 신플라톤주의적인 경향을 보여주는데, 그 두 사람은 그리스도교적으로 생각하지만 신플라톤주의적으로 진술한다. 신비 신학은 신플라톤주의적 사고, 특별히 위僞-디오니시우스에 의해 매개된 사고가 생생하게 계속 살아 영향을 미치고 펼쳐져 나가는 탁월한 장소가 된다.

아리스토텔레스

우리는 (1200년경) 중세 전성기의 **아리스토텔레스 수용**을 그리스 사유, 그리고 또 신플라톤주의적 사유의 새로운 물결로 보아야 한다. 논리학 저술들을 넘어 가장 중요한 순수 철학적인 아리스토텔레스 작품들이 처음에는 아랍어에서, 나중에는 그리스어에서 라틴어로 번역되어 그리스도교 서양 세계에 알려지게 되고 그렇게 정신적인 삶 속에 파고들게 되었다면, 이는 그리스 사유가 또 한 번 그리스도교 공간 안으로 아주 강력하게 밀려 들어온 것을 의미한다. 아리스토텔레스와 결합하여, 부분적으로는 분명한 신플라톤주의적 해석을 보여준 아랍 주석가들도 알려지게 되었다. 이것은 알파라비Alfarabi와 아비켄나Avicenna(Ibn Sina)에게 해당되고, 그들만은 못하지만, **진정한** 아리스토텔레스 주석가라고 인정받는 아베로에스Averroes(Ibn Ruschd)에게도 해당된다. 이들의 뒤를 이어 라틴 "아베로에스주의자들"62)은 물질의 영원성과 필연성, 능동 지성intellectus agens의 초超개별적 본질을 가르쳤고, 그래서 영혼의 개별적 불사불멸은 그들에게 있을 수 없었으며, 따라서 어느 정도 분명하게 유출론적인 신플라톤주의를 가르쳤다. 그럼으로써 그들은, 비록 아베로에스의 관점으로 본 것이긴 하지만, 이미 그리스도교적으로 새로 해석된 아리스토텔레스에 맞서 "진짜" 아리스토텔레스를 증거로 끌어댔다. 이렇게 그리스도교 가르침과 반대되는 입장에 놓이게 되었을 때 그들은 (아베로에스 자신에게서 유래하는 것이 아닌) "이중 진리" 이론을 통해 자신을 옹호하려 했는데, 이 이중 진리 이론에 대해 그리스도교 스콜라 철학자들도 나중에 인본주의자들처럼 (철학적으로 정당하게) 이의를 제기했다. 그럼에도 불구하고 "아베로에스주의"라는 말이 오히려 문제를 덮고 있었다. 근본적으로 여기서 문제는 아베로에스가 아니라 아리스토텔레스 자신이었다. 아무리 대 알베르투스와 토마스 아퀴나스를 통해 이루어진 아리스토텔레스로의 전향이 중요하다 (그리고 내용적으로 정당하다) 해도, 아무리 이 전향이 수 세기 동안 그리스도교적인 철학-신학적 사유에 방향을 제시하는 역할을 했다 해도, 여전히 아리스토텔레스 자신은 그리스 철학자이지 그리스도교 철학자가 아니었다. 그는 숭고한 신 개념을 가지고 있긴 했지만 결코 그리스도교적인 신 개념을 가지진 못했고, 특히 (그리스 철학 전체가 그랬듯이) 창조 개념을 가지지 못했으며, 우연성Kontingenz도 하느님의 작용도 알지 못했고, 심지어 플라톤적인 데미우르고스의 작용조차 알지 못했으며, 두말할 것 없이 그리스도교 하느님의 자유로운 창조 작용에 대해서는 전혀 알지 못했다. 더 나아가 영원한 질료 문제도 있고, 능동 지성, 개별적인 정신성과 불사불멸 등 미해결의 문제도 있다. 특별히 토마스 아퀴나스를 비롯한 그리스도교적 아리스토텔레스주의자들의 비범함은 놀랄 만한 것이었다. 그들은 한편으로 아리스토텔레스의 개념들과 원리들을 받아들여 귀중한 결과를 얻어냈고, 다른 한편으로는 그렇게 얻은 결과를 아리스토텔레스에 대한, 그리고 동시에, 그리스도교적이지 않고 독특하게 그리스적인 사유 동기들에 대한 그리스도교적인 토론 속에서 비판적으로 새로 해석하고 지양했다. 위대한 토마스 아퀴나스가 날카로운 사변적 사유를 통해, 그리고 전체적인 조직적 사유, 하지만 결정적으로 그리스도교적으로 규정된 사유를 통해 문제를 어떻게 극복해 나가는지에 대해서는 이 자리에서 더 자세히 살펴보고 그 진가를 논의할 수 없다. 하지만 이제 온전하게 드러나게 된 이런 문제들을 배경으로 토마스를 새롭게 다시 발견하는 것은 우리 시대의 과제일 것이다.

인본주의

이보다 덜하다고 할 수 없는 신플라톤주의적 사유의 또 다른 물결은 중세 후기의 **인본주의**Humanismus에서 밀려왔다. 이 인본주의는, 특히 페트라르카와 보카치오 이래, 의식적으로 고대의 문화, 문학, 철학으로 소급해 올라가는데 이때 아리스토텔레스적 스콜라 철학에 맞서 플라톤적-신플라톤주의적 정신을 관철시키려 한다. 라틴 아베로에스주의자들의 이중 진리에 맞서서, 고전적인 그리스 사유 특히 플라톤 사상과 그리스도교 신앙이 조화를 이루는 하나의 진리를 입증하는 것이 플로렌스 메디치 가문의 플라톤 아카데미의 프로그램이 되었다. 그리고 (9세기) 요한 에리우게나에 의한 그리스도교 중세의 첫 체계 구축이 전적으로 신플라톤주의적으로 규정되어 있었던 것처럼 에리우게나 사상에 대해 잘 알고 있던 니콜라우스 쿠자누스에 의한 (15세기의) 마지막 체계 구축도 신플라톤주의적으로 규정되어 있었다. 비록 쿠자누스가 전체적으로 그리스도교적으로 생각했다 하더라도, 그리고 개별적인 부분에서 독창적으로 풍요롭고 심오하게 생각했다 하더라도, 쿠자누스의 사상은 본질적으로 이 전통으로부터 이해되어야 한다. 곧 "박학한 무지"docta ignorantia는 신플라톤주의자들의 부정신학否定神學으로부터, "대립적인 것들의 일치"coincidentia oppositorum는 프로클로스적 변증법으로부터, 신의 "전개"explicatio는 신의 자기전개인 필연적 유출로부터 이해되어야 한다. 이러한 배경과 이러한 연관성에 대해 사람들은 대부분 거의 주목하지 않았다. 그러나 신플라톤주의적 전통이 역사 안에서 막강하게 미친 영향이 여기서 잘 드러난다.

이미 근대로 넘어가는 과정에서, 이미 시작된 자연 과학의 강한 인상 아래에서, 동시에, 터져 나오기 시작한 르네상스 정신의 열광 속에서, 끝으로 조르다노 브루노는 무한한 세계의 자연 범신론Naturpantheismus을 펼쳐 나갔다. 여기서 세계는 신에 의해 혼이 부여된 것이고, 신 자신의 전개 및 계시인데, 이는 다시 결정적으로 신플라톤주의적인 '유출에 대한 생각'으로 살아가는 표상이다. 브루노는 (1600년) 로마에서 이단자로 화형에 처해졌는데, 이것은 교회의 비非관용에 대한 표일 뿐 아니라, 아니 그보다 더, 그리스도교 사유와 그리스 사유, 무엇보다도 그리스도교 사유와 신플라톤주의적 사유 사이의 변함없는 갈등에 대한 상징이기도 하다. 그런 갈등은 중세 전체에 파고들어 있었고 근대 안으로도 깊이 들어와 계속 영향을 미치고 있었던 것이다.

다. 근대에서 현대에 이르기까지 미친 영향

그런 사유 동기動機들이 어떤 방법으로 어떤 역사적 연관성 속에서 근대 안으로 들어와 영향을 미치게 되었는지에 대해서는 부분적으로 많은 연구가 이루어지지 않았다. 엄청난 영향을 미쳤다는 데 대해서만은 논란의 여지가 없다. 여기에서도 우리는 몇 가지 현상과 문제를 지적할 수 있을 뿐이다.

스피노자

그리스적-신플라톤주의적 '필연에 대한 생각'을 대단히 일관성 있게, 크게 영향을 미치면서 근대에 전해준 사람은 의심의 여지없이 스피노자이다. 독일 관념론에 대해 어느 정도 아는 사람은 칸트가 아니라 스피노자가 독일 관념론 논쟁에서 가장 우선적으로 상대해야 할 토론 상대라는 사실을 놀란 마음으로 확인해야 한다. 그러나 스피노자의 범신론적 실체 일원론Substanzmonismus과 (다시 자유와 대조되는 필연인) 결정론이 단지 합리주의적-연역적인 방법인 **"기하학적"** more geometrico 방법을 요구하기만 하는 것이 아니라는 사실, 오히려 내용적으로는 유다 철학(아비케브론)과 신비학(카발라 Kabbala)의 전통들에서 연유한다는 사실은 이미 오래 전에 입증되었다. 이 공간 안에는 이미 범신론적 경향들, 필연적 유출에 대한 생각 및 신과 세계의 단일성에 대한 생각 등등이 있었는데, 이것은 신플라톤주의적 신비주의적인 근원에서 나온 것이다. 스피노자에게는 인간의 경우든 신 자신의 경우든 자유가 없고, 오히려 신의 본질에서 나오는 영원히 필연적인 규정성만이 있다.[63] 인간의 참된 자유는 오직 필연에 대한 인식과 인정을 통해 필연 속으로 자신을 "해방시키기" 위해 필연을 인식하고 인정하는 데에만 성립한다.[64] 스피노자는 당시에는 크게 주목받지 못했지만, 한 세기 후 야코비와 멘델스존 사이의 유명한 편지교환(1785년)을 통해 새로이 주목받게 되었다. 이를 통해 그는 당대의 철학적 토론 속으로 들어오게 되었는데, 그런 토론은 특별히 관념론의 공간 안에서 이루어졌다.

라이프니츠와 칸트

그전에 이미 라이프니츠와 칸트는 이 문제와 씨름한다. 이 둘 중 누구도 신플라톤주의 고유의 유출설에 영향을 받지 않았다. 두 사람은 (각기 자신의 방식으로) 필연에 맞서 자유를 지키려고 노력한다. 하지만 필연은 더 이상 우선적인 의미에서 신의 자기전개의 절대적 필연이 아니라, 오히려 기계론적인 자연과학의 배경에서 자연법칙적 인과성의 필연을 의미한다. 분석적 판단에서 출발하여 단자론과 예정조화설을 거쳐 '가능한 세계 가운데 최상의 세계' 이론에 이르기까지 라이프니츠의 철학 전체는 이 필연으로 자유를 매개하려는 유일한 시도이다. 비록 자유가 '가능한 세계 가운데 최상의 세계'의 윤리적 또는 가설적 필연 속에서 폐기되는 것처럼 보이지만 말이다. 그것은 필연의 우세에 맞선 자

유에 대한 위대한, 그러나 궁극적으로는 전혀 설득력 없는 사유 시도이다.[65]

칸트도 같은 문제와 대면하고 있었다. 그에게는 처음부터 끝까지 실천적-도덕적 자유가 문제인데, 그것은 형이상학의 기본 주제들 가운데 하나이다.[66] 도덕적 자유의 공간을 참된 '그 자체로 있는 존재'An-sich-Sein로 열어주기 위해 기계론적 필연에 의해 규정된 당대의 자연 과학적 세계상을 '우리를 위한 순수 외현外現'Erscheinung für uns으로 상대화한 것이 변치 않는 가치를 지닌, 하지만 많은 경우 제대로 평가 받지 못한 그의 위대한 업적이다.[67] 그는 순수 이성의 세 번째 이율배반Antinomie에서 필연과 자유를 매개하려고 시도하는데,[68] 그 이면에 이 문제가 자리 잡고 있다. 이 시도가 성공했다고 볼 수는 없다. 기계론적 자연 인과성의 '외현의 세계'와 도덕적 자유의 '지적인intelligibel 세계', 이 두 세계는 서로 화해가 이루어질 수 있기에는 너무 멀리 떨어지고 갈라져 있다.[69]

피히테와 셸링

처음부터 끝까지 필연과 자유의 문제가 결정적인 핵심 문제였던 독일 **관념론**에서는 이와 달랐다. 여기에서는 신플라톤주의적 사유와 놀라울 만큼 흡사한 사유가 나타났는데,

역사적으로 거기서 영향을 받은 것이 입증될 수 있는 셸링과 헤겔에 와서 비로소 그런 것이 아니라 그들에 앞서 이미 피히테에게서도 그랬다. 절대적인 첫 원리(여기서는 초월적 자아)는 모든 다수성에 앞서고, 주체-객체-이원성에도 앞선 단일성이다. 따라서 한편으로 그것에 대해 객관적인 진술을 할 수 없고(부정신학), 다른 한편으로 그것은 자기 자신에 대한 의식에 이르기 위해 주체와 객체, 자아自我(Ich)와 비아非我(Nicht-Ich)의 대립을 설정하고, 그 안에서 자신을 의식에(그리고 피히테에게는 또한 도덕적 행위에도) 매개해야 한다. 말하자면 그것은 다시, 비록 피히테에게는 순환하는 원이 종결되지 않지만, 산출과 귀환의 순환적 사건이다. 그것은 "무한한 추구"[70]로 남는다. 초기 학문론을 훨씬 뛰어넘어 후기 피히테는 "절대적 존재"인 신 문제에 대해 탐구하며, 그리스도교적 신 이해에 근접한다.[71] 그러나 끝까지 스피노자의 삼각형이 여전히 유효하다. 곧 삼각형의 본질로부터 내각의 합이 180도라는 사실이 귀결되어 나오듯이 신의 본질로부터 세상이 귀결되어 나온다. 세상이 없다면 신은 신이 아닐 것이다.[72] 여전히, 그리고 여기에서 새롭게, 필연은 자유에 대해 절대적인 우위를 점한다.

초기 셸링도 이에 못지않다. 피히테에서 출발하는 가운데 그는 사실 객체를 주체의 대등한 반대편 극으로 구출하려

하지만, 이 둘을 그 대립을 뛰어넘는 절대적 동일성 안으로 집어넣는다. 신플라톤주의적 배경이 (경건주의Pietismus에서 볼 수 있는 신비주의 신학 전통을 통해 매개되어, 그리고 나중에는 뵈메Böhme와 바더Baader를 통해 매개되어) "지적 관조"intellektuelle Anschauung라는 단초에서 이미 분명하게 드러나는데, 이 지적 관조는 피히테의 '자기 자신을 설정하는 자아의 자기관조Selbstanschauung'를 넘어 셸링에 의해 바로 영원한 신적 원리에 대한 관조의 신비적 직접성으로 고조된다.[73]

하지만 신플라톤주의자들에게는 신적인 근원과의 신비적 합일이 매개의 마지막 산물로서 끝에 가서 비로소 도달되는 데 반해 셸링은 직접적인 출발점을 얻기 위해 신비주의적 요소를 이미 철학적 사유의 첫 단초 안으로 받아들인다. 또 셸링의 후기 작품 안에서도 적극적 철학의 기본행위를 "황홀경"Ekstase[74]이라고 부르는데, 이는 다시 전적으로 신비주의적인 개념이다. 절대적 동일성은 피히테의 경우보다 더 철저하게 다시 주체와 객체의 이원성 저편에 있으나, 자신을 차이성을 통해 지식으로 매개하기 위해서, 자기 자신을 아는 가운데, 자신을 주체로서 그리고 객체로서 설정해야 한다. 이것은 다시 조르다노 브루노와 스피노자가 생각한 것과 같은 범신론적 유출 체계로,[75] 오직 관념론적 사유 안으로 자리가 옮겨졌을 뿐이다. 하지만 셸링 자신은 금세 이런 생각을 타파하고 그것을 또 다른 차원들 속으로 열어놓는다.

헤겔

이것이 헤겔 철학의 배경을 이룬다. 사실 헤겔은 시작의 신비주의적 직접성을 거부하고 "절대적 지식"의 입지를 의식의 경험으로부터 변증법적으로 매개하려고 시도하는 가운데, 그리고 절대적인 것의 순수 동일성의 자리에 변증법적인 "동일성과 비동일성의 동일성"[76]을 두는 가운데, 날카로운 비판을 하면서 셸링과 대조를 이룬다. 하지만 그 기본 구상은 그대로 유지되고 있다. 더 나아가, 신플라톤주의적 사고와의 밀접성은 헤겔의 경우 더 분명하게 드러난다. 이미 그가 살아 있을 때에도 그는 "다시 살아난 프로클로스"Proclus redivivus로 인식되었고,[77] 나중에 포이어바흐는 그를 "독일 프로클로스"라고 표현했는데,[78] 아주 틀린 말은 아니다. 헤겔은 프로클로스를 알고 있었고 높이 평가했다. 그는 프로클로스 안에서 거의 자기 자신을 재인식했는데, 물론 자기 고유의 사유 체계를 구축한 다음에 비로소 그렇게 하였다. 실로 병행 사실들이 현저하게 나타난다. 곧, 다시, (성서적 그리스도교적인) 인격적이고 자유로운 창조주 하느님이 아닌 절대적 시작 원리에 대해 말한다는 점, 다시, 자기 매개를 통해 비로소 자신을 "절대정신"으로, 다시 말해 온전한 의미의 신神으로 실현하는 절대적인 것의 자기 매개의 필연성에 대해 말한다는 점, 다시, 여기 헤겔의 경우 변증법적 매개 사건으로 이해되고 있는 그런 삼단적三段的 과정이 나타난다는 점 등. 헤겔의 사유 체계의 전체 변증법, 곧 관념, 자연, 정신은 프로클로스의 삼성三性, 곧 '자기 자신 안에 있는 일자一者', '일자 자신이 세상 안으로 산출되어 나옴', '일자 자신이 정신 안에서 자기 자신에게 귀환함'과 정확히 부합한다. 그리고 다시 이 전체가 '끊임없이 반복되는 삼단적-변증법적인 매개적 순환들'을 통해 개별적으로 수행되고, 그럼으로써 전체는 "순환들의 순환"으로 묘사된다.79)

하지만 이런 관점에서 헤겔은 특별한 위치를 차지한다. 신플라톤주의에서 관념론에 이르기까지 그와 같은 모든 '절대적인 것의 필연적 자기전개의 체계' 안에서는 다음과 같은 물음들이 미해결 상태로 남아 있다. 곧 왜 첫 원리가 자기 자신에게서 나와야 하고, 다시 자기 자신에게 되돌아가기 위해 타자 안으로 자신을 넘겨주어야 하는가? 왜 원천의 단일성이 다수성 안으로 전개되어야 하는가? 더 나아가, 절대적인 근원적 단일성이 다수성을 생겨 나오게 하고, 그 안에서 자기 자신을 실현하고 드러내며, 이를 통해 자신을 자기 자신과 매개하는 것이 도대체 어떻게 가능한가? 이런 물음은 플로티노스, 프로클로스, 디오니시우스에게도 제기되어야 하고, 스피노자, 피히테, 셸링에게도 제기되어야 한다. (내가 아는 한) 그런 물음에 실제로 답을 제공하려 한 유일한 사람이 헤겔이다. 그는 처음부터 동일성과 차이성의 변증법을 절대적인 것의 본질 안에 받아들였는데, 그래서 이 절대적인 것은 처음부터 동일성이 비非동일적 계기들 안으로 변증법적으로 자기전개를 하는 역동적인 폭발적 힘을 자신 안에 간직하고 있다. 절대적인 것은 변증법이다. 순수 동일성의 '폭파를 위한 다이너마이트'는 원천적으로 고유하고 근원적인 '자신의 본질' 안에 있다.

하지만 바로 그 때문에 다시 그것은 필연의 체계, 곧 절대적인 것 자체의 변증법적 필연의 체계가 된다. 우리가 자유의 철학의 가치 있고 심오한 요소들을 헤겔을 통해 조망할 수 있게 되었다 하더라도,[80] 궁극적으로 헤겔에게 있어서 모든 자유는 절대적 필연 속으로 매개되고 지양된다. 그리고 후기 헤겔이 (그리스도교 안에서 "절대 종교"를 보고, 그리스도교 신앙의 많은 내용을 받아들이고 사변적으로 이해하려 하는 등[81]) 자신의 철학을 그리스도교의 옷을 입혀 묘사하려고 노력하고 있다 하더라도, 무엇보다 신에 대한 물음 자체에서 잘 드러나듯이 그것은 궁극적으로는 그리스도교적인 의미보다 신플라톤주의적인 의미를 담고 있다. 그것

은 비록 근대 철학적으로 매개되고 관념론적으로 번역된 것이긴 해도 필연적 유출 체계이다.[82)]

후기 셸링

이 점에서 헤겔에 대해서뿐 아니라 "선험적인 순수한 '이성의 학문'" 일체에 대해서 비판하는 후기 셸링의 비판은 분명 정당하다. 곧 그런 학문은 본질적으로 자유의 체계가 아니라 필연의 체계를 뒷받침할 수 있다는 것이고, 그렇기 때문에, 선험적으로 납득되고 도출될 수 있는 한, 오직 가능성에 대한 지식만을 제공할 뿐, '결코 선험적으로 도출될 수 없고 오직 후험적으로 경험으로부터 받아들여지고 인정될 수 있는' 실재에 대한 인식을 제공하지는 않는다는 것이다. 헤겔의 의미에서 변증법은 가능한 해석 원리이지 연역 원리는 아니다.[83)] 그것을 가지고 헤겔이 사변적으로 연역해 내려 하기 때문에 그의 체계는 "논리적" 철학이지 "역사적" 철학이 아니다. 나중에 셸링이 한 표현에 따르면, "적극적"positiv 철학이 아니라 "소극적"negativ 철학이다. 그리스적 필연과 그리스도교적 자유 사이의 역사적 갈등의 배경에서 셸링의 통찰은 변함없는 타당성과 중요성을 가진다. 곧 그가 후기 작품들을 시작한 이래 열정적으로 고백하는 그리스도교 철학은 하느님의 자유를 인정하는 데 기반을 둔 자유의 철학이어야 한다는 것이다.[84] 셸링이 이 프로그램에 충실하게 머물고 있느냐 하는 문제는 또 다른 문제이다. 이런 방식으로 소극적 철학과 적극적 철학을 구별하는 것이 끝까지 유지될 수 있는가? 혹시 선험적인 '이성의 학문'의 소극적 철학은 다시금 자신이 할 수 있는 것보다 오히려 더 많이 해야 하는 것은 아닌가? 적극적 철학으로의 "황홀경적" 도약은 너무 늦은 것 아닌가? 그것은 추가적으로 비로소 이루어지고, 너무 강압적으로, 그리고 매개되지 않은 채 이루어지는 것은 아닌가? 결국 다시 모든 것은 '순수한 이성'의 내재 속으로 매개되어 들어가야 하는 것은 아닌가? 많은 물음이 미해결 상태로 있다. 실제 이행은 그의 요구의 뒤편에 뒤쳐져 있다. 하지만 우리는 어쨌든 그가 문제를 예리하고 선견지명 있게 바라보았고, 필연과 자유의 문제 영역에 있는 그리스도교 철학에게 '근대 철학적 사유의 최고봉을 이룬 독일 관념론 문제에서 자라난 만큼 그만큼 더 중요한' 프로그램을 건네주었다고 생각한다.

여기서 출발하여 우리는 자연 사건의 필연과 대조되는 인간의 자유, 심리학적 사회학적 결정론과 대조되는 인간의 자유 등 필연과 자유의 문제를 더 추적해 볼 수 있을 것이다. 특히 우리는 마르크스와 온갖 형태의 마르크스주의에서 나타나는 문제를 생각해 볼 수 있는데, 마르크스주의에서는, 역사적-사회적 과정이 "역사적 유물론"의 변증법적 법칙들의 필연에 의해 정해져 있어서 자유를 위한 공간, 심지어 혁명을 위한 공간이 전혀 없거나, 아니면 인간은 자유로운 존재이고, 자유를 사용하여 자신의 사회적 권리를 위해 싸워야 하며, 혁명적 계급 투쟁으로 기존 질서를 바꿔놓아야 해서 역사적-사회학적 법칙들의 자동 조절에 의해 정해져 있을 수 없거나 둘 중 하나이다. 마르크스주의는 철학적으로 논리정연하게 생각할 때 자신 안에 많은 문제점들을 담아가지고 있는 비할 나위 없는 자가당착이다.

신과 세상

이제 우리는 이 장을 마무리하면서 문제를 다른 방향에서 현대에 이르기까지 살펴보려 한다. 곧 신神 및 '신과 세상의 관계'에 대한 이해 문제 말이다. 근래에 사람들은 그리스도교의 신 개념이 아니라 그리스의 신 개념, 다시 말해 불변하는 영원히 필연적인 절대적 존재라는 "엘레아학파적인" 신 개념을 거듭 반박하고 나선다. 그런 신 개념에 맞서, 현재 영향을 미치고 있고 세상과 역사 안에서 되어가고 있으며 자기 자신을 실현하고 있는 신, 영향을 미치면서 되어가고 있는 신으로서의 성서적-그리스도교적 신앙의 살아 있는 신을 생각해야 한다는 것이다. 그런 생각은 예를 들어 영미권에서 적잖은 영향력을 미친 화이트헤드, 하츠혼Ch. Hartshorne 등의 "과정 신학"Prozeßphilosophie에서 볼 수 있다.85) 독일어권에서는 한스 큉이 헤겔의 영향을 받아 그런 경향과 적어도 유사한 면을 가진다.86) 이에 대해 우리는 다음과 같이 아주 분명하게 말해야 한다. 엘레아학파적인 경직되고 비활동적이고 비인격적인 신만이 그리스적인 신인 것은 아니다. 그것은 그리스도교의 신도 아니다. 필연적으로 자기 자신을 세상과 역사 안에서 실현하는 신, 되어가면서 자기 자신을 전개하고 나타내는 신도 진정한 그리스도교의 신이 아니라 오히려 (헤겔에까지 이르는) 신플라톤주의의 신, 곧 그리스적인 신이다. 하느님은 하느님이기 위해 세상을 필요로 하지 않고 인간을 필요로 하지 않는다. 오히려 하느님은 넘쳐흐르는 사랑의 자유로 세상과 인간을 창조하셨다.

헤겔은 자신의 『정신 현상학』을 마무리하면서 실러의 말을 조금 변형시켜 넘겨받는다. 「우정」Die Freundschaft이라는 시의 마지막 구절은 이렇다. "위대한 우주의 지배자는 친구가 없었다. 결함을 느꼈다. 그래서 그는 영들을, 자기 복락의 복된 거울들을 창조했다! 최고 존재가 이미 동일한 것을 발견하지 못했기 때문에, 전체 '영혼들의 나라'의 잔으로부터 그에게 거품을 내며 흐른다 — 무한이." 헤겔의 『정신 현상학』의 끝에는 이렇게 적혀 있다. "… 이 '영들의 나라'의 잔으로부터 그에게 자신의 무한이 거품을 내며 흐른다."[87] 실러의 경우든 헤겔의 경우든 이는 '참으로 그리스도교적인' 사유라기보다 그리스적, 신플라톤주의적 사유이다. 모든 존재 실재성과 존재 완전성의 무한한 충만이신 하느님(토마스 아퀴나스의 "존재 자체"ipsum esse)은 세상을 필요로 하지 않고 인간을 필요로 하지 않는다. 그분은 사랑을 주고 사랑을 받을 수 있기 위해서도 그것을 필요로 하지 않는다. 그분은 절대적 존재로서 자기 자신만으로 충분하다.

따라서 (순수 철학적으로는 도달할 수 없고 오직 신학적으로만 제시할 수 있다 하더라도) 삼위일체론은 그리스도교적 신 이해를 위해 근본적인 중요성을 가진다. 그런 까닭에 사람들은 그것에 대해 철학적으로도 거듭 반성해 본다. 하지만 헤겔은 그것을 잘못 해석했고, 큉은 완전히 잘못 판단했다. 여기서는 신神 내재적인 삼위의 삶을 포기하고 있다. 그런데 그런 삼위의 삶 안에서만 비로소 하느님의 참된 절대적 초월이 보장되고 자유가 보장된다. 하느님은 '존재에서 출발하여 가능한 모든 실재성과 완전성', 그리고 '인격적 존재와 (사랑에 찬 주고 받음의) 상호 인격적 사건의 모든 긍정성과 현실성'의 근원적인 통일성이고 무한한 충만이다. 하느님은 인간을 당신 사랑의 파트너로도 필요로 하지 않으신다. 비록 인간적으로 더욱 이해하기 힘든 일이지만 그러면 그럴수록 넘쳐흐르면서 자신을 선사하는 사랑의 자유는 그만큼 크다. 하느님이 세상을 창조하셨고, 인간을 당신의 자유 안으로 옮겨 놓아 주셨으며, 참된 자유를 누리도록 구원해 주셨고, 당신 영광에 참여하여 영원한 생명을 얻도록 불러 주셨으니 말이다. 곧 하느님의 자유는 인간의 자유와 이 자유의 최종 유의미성有意味性이 가능하기 위한 가능성의 조건이다.

플로티노스에서 초기 셸링에 이르는 단일성에 대한 생각은 최고인 것, 궁극적인 것이 다수성이 아니라 단일성이라는 점에서 정당하다. 헤겔은 유한한 실재의 다양함이, 절대적 단일성 안에 다수성이 이미 같이 붙어 있고 앞서 포함되어 있지 않았다면, 단순히 절대적으로 세분화되지 않은 순수 단일성(일체의 차이성에 앞선 동일성)만 가지고는 이해될 수 없다는 점에서 정당하다.[88] 이러한 단일성 안의 다수성, 동일성 안의 차이성 문제에 대해 삼위일체는 최종적인 답을 제공하는데, 단순히 세상 안의 하느님의 구세사적인 삼위적 작용이라는 의미에서가 아니라 (그 전제가 되는) 하느님 자신의 신神 내재적인 삼위의 삶이란 의미에서 그렇다. 하지만 하느님의 단일성 안에 있는 그런 다수성은 자기 자신을 실현하기 위해 내적 필연적으로 세상 안에서 전개되고 드러나야 하는 것이 아니라, 오히려 내주는 사랑의 자유를 통해 자유로운 창조와 구원 작용 속에서 자신을 유한한 존재자에게 나눠 준다.

신神에 대한 통로로서 의미 물음?

우리 시대에는 인간 삶의 의미에 대한 물음이 예전보다 많이 계속 제기된다.[89] 이 물음은 무슨 의미를 가지는가? 이 물음에 대한 답은 어떻게 주어질 수 있는가? 이 물음은 신神에 대한 통로를 열어줄 수 있는가? 있다면 어떻게 열어줄 수 있는가? 우리는 이 물음을 철학적 물음으로 제기하려 한다. 우리는 그것을 <개별 인간은 자신의 구체적 상황에서 출발하여 그런 방식으로 신神 신앙에 대한 통로를 발견할 수 있는지, 그리고 어떤 전제하에 그럴 수 있는지> 하는 심리학적 물음으로 제기하지 않는다. 또 우리는 그것을 신학적 물음으로 제기하지도 않는데, 왜냐하면 이를 위해서는 창조의 목적에 대한 물음, 신앙 안에서 구원, 구속, 영원한 생명은 무엇을 의미하는지에 대한 물음 등 더 폭넓은 물음들을 다뤄야 할 것이기 때문이다. 비록 인간의 '의미에 대한 물음'이 그런 신학적 물음 안에서 비로소 온전한 답, 인간의 생각과 개념을 뛰어넘는 답을 찾을 수 있다 하더라도, 우리는 여기서는 오직 철학적 물음에 한정시켜 이 물음을 다룬다. 그런 제한과 한정에도 불구하고 그토록 다양하고, 거의 끝이 없는 이 문제를 모든 차원에서 온전하게 살펴보고 답을 한다는 것은 불가능하다. 특히 오늘날에는 이미 광범위하기 이를 데 없는, 이 주제에 대한 참고문헌들을 전부 소화하고 이에 대해 입장을 표명하는 것은 불가능하다.[90] 그럼에도 불구하고 우리는 이 물음에 대해 생각하고 해명하고 조금이라도 더 근접한 답을 찾기 위해 과감히 이 물음을 제기한다. 이 작업은 여러 단계(정확히 말하면 다섯 단계)에 걸쳐 진행될 것이다.

1. 현재의 의미 물음

첫 번째 단계를 우리는 현재의 의미 물음, 또는 더 정확히 말해서 **의미 물음의 현재**라고 부를 수 있다. 우리 시대에 삶의 의미에 대한 물음이 현존한다는 것, 심지어 아주 민감한 문제로 존재한다는 것은 하나의 사실이다. 의미에 대한 물음, 말하자면 세계 전체의 의미, 그리고 세계 안에서 우리 인간 현존재의 의미에 대한 물음은 예전 그 어느 때보다 명확하고 절박하게 꿈틀대고 있다.

역사

사실 우리는 이 물음이 "인류의 영원한 물음"이라는 말을 거듭 들을 수 있고 많은 글에서 반복적으로 읽을 수 있다. 그것은 어떤 의미에서 맞는 말일 수 있다. 하지만 우리가 철학 전통을 돌아보면 명확하게 제기되고 전개된 의미 물음을 발견하지 못할 것이고, 심지어 우리가 "의미"라고 이해하는 것과 대등한 개념조차 발견하지 못할 것이다. 우리는 에페

소의 헤라클레이토스를 생각할 수 있다. 그에게서 처음으로 "로고스"logos 개념이 핵심적인 개념으로 등장한다. 이 단어는 소크라테스 이전 철학자들의 단편들 번역에서 대담하게 "의미"라고 번역되고,[91] 다른 데서는 "가르침", "세계 법칙", "세계 이성"으로, 또는 단순히 "이성"으로 번역된다.[92] "로고스"라는 그리스어 단어는 우리가 의미라고 부르는 것과 가깝다고 할 수 있는 여러 가지 의미를 담고 있다. 하지만 그것을 '의미'와 동일시하고 '의미'라고 번역하는 것은 너무 성급해 보인다. 헤라클레이토스도 오늘날의 의미에서 인간의 의미 물음을 제기하지는 않았다.

내용상으로는 "무엇 무엇 때문에", "무엇 무엇을 위해서"라는 뜻을 가진 아리스토텔레스의 "후 헤네카"hou heneka[93]가 그것과 가까워 보이는데, 아리스토텔레스는 그것을 "목적"telos으로 이해하고 있고, 이를 통해 행위의 목적, 추구할 가치가 있는 선善이라는 뜻으로 고정하고, 어쩌면 그렇게 한정한다. 이렇게 아리스토텔레스에게는 (그리고 일반적으로 전체 그리스 철학의 윤리학에는) 인간의 도덕적 행위의 목표가, 선을 행함으로써 얻게 되는 내적 만족감 또는 행복감이란 의미로 "행복" 또는 복락eudaimonia에 있었다. 이것이 사상사에 폭넓게 영향을 미친 생각의 단초이다. 그렇지만 여기에서도 세계와 인간 삶의 의미에 대한 물음은 실제로 제기되지 않았다.

그리스도교 신앙의 원천적 문헌들에서도 우리는 의미에 대한 물음을 그냥 그대로는 발견할 수 없다. 하지만 "나는 세상의 빛이다."(요한 8,12), "생명의 빛"(요한 8,12), "나는 길이요 진리요 생명이다."(요한 14,6) 등의 예수님 말씀들처럼 의미 물음에 대한 답을 주는 성경 구절들은 많이 있다. 일반적으로 우리는 그리스도 안에서의 구원에 대한 복음 전체가 인간의 의미 물음에 답을 준다고, 그리고 우리가 "의미"라고 이해하고 열망하는 것과 "구원"salus이라는 성경의 말이 아주 심층적으로 서로 부합한다고 말할 수 있다.

신학적 반성에서는 의미에 대한 물음이, 예를 들어 토마스 아퀴나스의 <신神 안에서의 "최종 목적"finis ultimus>, <최종 목적만이 아니라 동시에 (오늘날 우리의 표현대로 말하면) 지탱해 주는 의미 근거이기도 한 "최고선"summum bonum> 같이,[94] 목적(아리스토텔레스의 "텔로스"telos), 창조의 목적 및 인간 삶과 행위의 목적에 대한 물음 안에서 나타난다(그리고 그 안에 감춰져 있다).

주목할 만한 사실은 동일한 전통 노선에 칸트도 있다는 것이다. 그도 사실 삶의 의미에 대해 묻지 않고 오히려 궁극적인 "창조의 최종 목적"[95]에 대해 묻는데, 그것은 오직 인간 안에만 주어져 있을 수 있다. 왜냐하면 인간만이 인격체로서 "목적 그 자체"이고 단순히 수단으로만 사용될 수 없기 때문이다.[96] "최고선"最高善(summum bonum)은 자유로운 도덕적 인격체의 완전성과 복락이다.[97] 이와 비슷하게 헤겔은 "역사의 최종 목적"을 <자유, 참된 자유, ("참된 자유는 도덕성이기"[98] 때문에) 도덕적 자유의 실현과 전개> 속에서 보고 있다.[99]

(더 길게 서술할 수도 있었겠지만) 이렇게 간단히 살펴본 결과 우리는 전체적인 사상사적 전통 안에서 의미 물음이 사실 명시적으로 제기되지 않았고 심지어 우리가 의미라고 이해하는 것과 온전히 부합하는 단어나 개념조차 나타나지 않는다는, 하지만 의미 물음은 대부분 세계와 창조와 '인간 삶과 행위'의 목적 또는 목표telos, finis에 대한 물음 속에서 표현되고 있다는 결론에 이미 도달할 수 있다.

현재

더 나아가 여기서 의미 물음이 현재의 물음이라는 결론이 나온다. 하지만 이 물음은 수십 년 전에 와서야 비로소 철학적 반성의 주제가 되었다. 그리고 우리 시대에 와서야 사람들의 보편적인 의식 안에 아주 화급火急한 문제로 자리 잡게 되었다. 오늘날 우리가 "의미"라는 말을, 의미 있는 삶, 의미 충만한 삶, 무의미한 삶 등등에 대해 말할 때처럼 생동적으로 의미심장하게 사용하고 이해하는 것은 단순히 언어사적言語史的 개념사적 현상이 아니다. 언어사나 개념사에서는 정신사적 현상이 언급된다. 의미 물음에서는 우리 시대의 문제, 핵심적인 사안, 우리 시대의 깊은 동경이 명확히 표현되고 집중된다. 현재 인간 현존재의 의미에 대한 물음이 그토록 다양하고 그토록 절박하게 제기되고 있다면, 특히 젊은 사람들의 마음을 그토록 많이 빼앗고 움직이고 있다면, 그것은 우리 시대의 징표, 현시대의 증상이 된 것이다.

그리고 그런 일은 과학과 기술의 진보가 지배하는 시대, 이전 그 어느 시대에도 없었던 복지 사회가 건설된 시대에 일어나고 있고, 유물론적唯物論的 무신론적無神論的 사고가 온통 파고들어 있는 세계, 일부 나라들에서는 타락한 마르크스주의적 권력 체계의 투쟁적 무신론이 여전히 남아 있고 특히 서양의 수많은 곳에서는 이론적 무신론보다 실천적 무신론이, 그리고 지치고 낙담하고 방자하게 잘난 체하기도 하는 불가지론不可知論이 현저하게 나타나고 있는 세계에서 일어나고 있다.

동시에 우리 시대에는 우리가 그 크기와 일으킬 파장을 가늠할 수 없는 역사적 변혁이 시작되고 있다. 그런 변혁은, 물론 다른 것도 있겠지만, 근대 전체의 기본 이념인 승리에 찬 '진보에 대한 믿음', 곧 오로지 과학적-기술적 진보를 통해서 세상을 개선하고 인류를 행복하게 해 준다는 믿음이 우리 눈앞에서 붕괴하고 있다는 데서 알려지고 있다. 폭풍처럼 밀어닥친 진보에도 불구하고(아니 그런 진보 때문에) 인간 세계는 전 세계적인 위기 상황으로 온통 뒤흔들리게 되었다. 경제적, 사회적, 정치적 차원의 어마어마한 위기 상황에 대해 여기서 자세히 설명할 필요는 없을 것이다. 우리가 매일 이에 대해 듣고 읽고 있기 때문이다. 양적으로 무한정한 "더 많이 더 많이"를 추구하는, 헤겔의 표현을 빌리자면, "악무한"惡無限[100](schlechte Unendlichkeit)의 우상 아래에서 물질적 진보가 에너지와 천연자원의 한계, 경제 성장의 한계, 생활 공간과 환경의 한계 등 도처에서 한계에 부딪치고 스스로 모순을 일으킨다는 것이 여기서 분명하게 드러난다. 또 그런 진보가 인류의 본래 문제들을 해결할 수 없다는 사실도 드러난다. 곧 여전히 비참과 불의가 있고, 여전히 고통과 전쟁과 죽음이 있다. 문제를 해결하기보다는 오히려 그런 진보에서 항상, 더 커지는 긴장 관계들, 인구의 폭발적 증가, 점점 늘어나는 빈부 격차, 소위 "제3 세계"의 끔찍한 빈곤과 풍요로운 선진국 사이의 격차, 미친 듯이 이루어지는 무시무시한 군비 경쟁 등 새로운 문제들이 발생한다. 인류가 살아남느냐 자기 파멸에 이르느냐 하는 물음에 이르기까지 말이다.

여기 우리의 관심은 그런 문제들을 개별적으로 다루는 것이 아니다. 우리는 단지 배경으로 이런 문제들을 언급했을 뿐이다. 또 우리는 학문, 과학 기술, 정치를 통해 그런 문제들을 개별적으로 극복할 수 있다는 사실을 부정하려는 것도 아니다. 당연히 "자연 과학 시대의 종말"101)이라고 말하는 것은 근본적으로 너무 순진한 생각이다. 오늘과 내일의 인류는 과학 없이는 도저히 살 수 없을 것이다. 근본적으로 우리의 문제는 생각이 변하고 있다는 것이다. 말하자면 전반적으로 점차 늘어나는 인식, 곧 이런 방식으로는, "악무한"惡無限이라는 의미로는 무한정 계속 진행해 나갈 수 없다는 인식, 물질적 진보만으로는, 그리고 (대부분 다시 물질적, 양적인 것으로 환원되고 그럼으로써 위조되는) 오늘날 사람들이 많이 이야기하는 "삶의 질"만으로는 충분하지 않다는 인식이다. 모든 발전과 진보에 대한 생각에는 우리의 인간적 지혜가 궁극적인 해결책이 되지 못한다는 의식이 널리 퍼져 있는 것 같다.

그런 경험들은 우리를 심각한 '의미의 위기' 속으로 다시 몰아넣는다. 곧 이 모든 것은 무엇을 위한 것인가? 이 모든 것은 우리를 어디로 몰고 가는가? 우리 시대가 온갖 노력을 기울여 도달한 이 모든 것이 과연 의미가 있는가? 그것이 '인간 본래의 인간다움'이라는 측면에서 정말 진보인가? 이를 통해 인간이 더 나아지고, 더 행복해지고, 더 인간다워졌는가? 아니면 그와 같은 것에는, 개인의 삶과 사회에 버팀목이 되어 주고 의미를 부여해 주는 인간적 가치의 몰락이 같이 결합되어 있는 것은 아닌가? 우리 시대에 널리 퍼진 의미 상실은 사람들을 무의미 속으로, 마약과 테러와 자살 속으로 도망치게 한다.[102)]

이 모든 것이 시대의 징표이다. 하지만 그 안에서 삶의 의미에 대한 물음이 새로이 무게감과 중요성을 가지고 제기된다는 사실 역시 시대의 징표이다. 자기 발견과 의미 발견에 대한 욕구가 일깨워졌고, 이와 결합하여 초월적인 '의미 부여' 또는 초월적인 '의미 경험'에 대한 종교적 욕구도 일깨워졌다. 그것은 종종 수상쩍은 형태 또는 사람을 호도하는 형태로 표출될 수 있는데, 만연한 사이비 종교들과 미신들, 온갖 종류의 비행이 난무하는 이른바 신흥 종교들만 봐도 알 수 있다. 하지만 그것은 진정한 내면화, 종교적 심화와 쇄신을 위한 노력으로 인도할 수도 있다. 말하자면 의미 물음은 신神에 대한 물음, 신에 대한 추구, 신에 대한 믿음으로 이끌어 줄 수 있다. 우리가 여기서 철학적으로 제기하는 물음도, 곧 의미 물음이 신에 대한 통로를 열어줄 수 있는지, 어떻게 그럴 수 있는지 하는 물음도 그런 구체적인 배경을 가지고 있다.

2. 의미 물음의 의미

이를 위해서는 우선 **의미 물음의 의미**가 해명되어야 한다. 의미 물음에 대해 말할 때 우리는 무엇을 생각하는가? "의미"를 우리는 무엇이라고 이해하는가? 모든 사람은 하나의 진술, 하나의 행동, 하나의 제도가 의미 있다고 말할 때, 또는 내 삶은 전체적으로 의미가 있다거나 없다고 말할 때 활발하게 사용하는 살아 있는 언어 사용과 언어 이해에서 출발하여 자연스럽게 그것이 무슨 뜻인지 이해한다. 비트겐슈타인은 "단어의 의미는 언어 안에서 이루어지는 그것의 사용이다."[103] 하고 옳게 말했다. "의미"라는 말이 우리에게 아무리 익숙하고 알기 쉽다 하더라도, 이 단어의 다양한 의미들을 아주 분명하게 파악하는 것은 쉬운 일이 아니다. 라우트Reinhard Lauth는 수십 년 전에 『현존재의 의미에 대한 물음』*Die Frage nach dem Sinn des Daseins*이라는 책에서 "의미"라는 말의 15가지 서로 다른 뜻 또는 뉘앙스를 구별했다.[104] 이보다 더 최근의 글에서 사람들은 "의미" 대한 정의가 거의 170개 이상이 있다는 추측을 하기도 했다.[105] 여기서 우리가 이 단어의 그런 모든 뜻들을 하나하나 언급하는 것은 가능하지도 필요하지도 않다.

뜻과 방향

하지만 우리는 사람들이 대부분 하는 기본적인 구별에서 출발해야 하겠는데, 그것은 한 단어, 진술의 "뜻"이라는 의미, 곧 이론적-의미론적theoretisch-semantisch 의미에서의 의미와, 하나의 행위나 제도의 "목표하는 방향" 또는 합목적성이라는 의미, 곧 실천적인 의미에서의 의미에 대한 구별이다. 요약해서 우리는 이렇게 정의할 수 있을 것이다. 의미는 어떤 것이 "이해될 수 있게 그리고 추구될 수 있게" 해 주는 것이다.[106)]

삶의 의미에 대해 말한다면 이때 우리는 분명 단순하게 의미론적 "뜻"을 말하는 것이 아니다. 더욱이 논리 실증주의가 경험적 검증 가능성檢證可能性을 통해 시도한 것과 같은 의미의 척도에 의해 확정되는 "의미"에 대한 제한된 뜻을 말하는 것도 아니다. 논리 실증주의는 경험적으로 검증 가능한 것만이 "의미 있고", 그 밖의 것은 "무의미하다"고 한다. 그런 의미의 척도에 대한 정의는 의미 있는 문장이고 그 나름대로 의미를 가진 이해될 수 있는 문장이지만, 그 자체는 경험적으로 검증(또는 반증反證)될 수 없는 문장인데, 왜냐하면 그것은 어떤 사실을 진술하지 않고 오히려 공리公理로 전제되고 있기 때문이다. 그 문장은 말하고 이해하는 것의 더 근원적이고 더 포괄적인 유의미성을 전제한다. 그래서 "의미"는 모든 이해와 내용적으로 상관관계에 있게 되고, 그런 뜻에서, 이해의 이론인 최근의 해석학의 중심 개념이 된다.

그럼 이해만이 문제인가? 나는 한 진술을, 그 진술이 나에게 거짓으로 보이고 그래서 내가 그것을 받아들이거나 수긍할 수 없기 때문에, 잘 이해하면서도 그것을 무의미하다고 생각할 수 있다. 또한 나는 한 진술을, 그 진술이 나와 아무 관련이 없고, 중요하지도 않고, 유용하지도 않고, 내 목적에 도움이 되지도 않아 보이기 때문에, 올바르다고 여김에도 불구하고 무의미하다고 생각할 수 있다. 그렇다면 계속 이에 대해 이야기하는 것은 아무 의미도 목적도 없다. 누군가에게 진리를 말하는 것도, 그것이 아무 도움도 되지 않고 아무런 진전도 이루지 못하기 때문에 무의미할 수 있다.

의미와 목적

"의미"라는 말을 (의미 있다거나 무의미하다고) 이렇게 사용한다는 사실은 이미 우리를 실천적인 의미 쪽으로 안내한다. 우리는 말들이나 진술들만이 아니라, 사물들, 도구들, 예술 작품들, 행위들, 제도들에 대해서도 그것이 가진 의미대로, 다시 말해 "무엇 때문에" 또는 "어떤 이유에서" 그것이 있는지에 따라 이해한다. 이것이 그것의 목적 또는 목표이다. 그것은 꼭 직접 써먹을 수 있다는 의미에서 경험적으로 실천적인 목적일 필요는 없다. 오히려 그것은, 해당하는 행위를 정당화하고 이 행위에 의미를 부여하는 어떤 인간적 가치의 실현처럼, 이보다 더 높고 숭고한 정신적-도덕적 목적일 수도 있다.

우리가 이미 "그 사람에게 의미가 있다(또는 의미를 준다)"고 말한다면, 목적과 의미가 완전히 같은 것은 아니라는 사실이 여기서 드러난다. 목적은 추구되고 있지만 아직 달성되거나 실현되지는 않은 목표점目標點이다. 하지만 행위가 "어떤 것을 향해" 방향 지어져 있다는 사실로 인해 그 행위는 그 자체로 의미가 있다. 목적 자체가 아니라 행위의 목적향目的向, 목적 규정성이, 다시 말해서 어떤 사실 또는 행위에 방향을 정해 주고 그것을 규정해 주면서 현존하는 한에서의 목적107)이 그 행위의 의미이다.

하지만 "뜻"으로서의 이론적(의미론적) 의미와 "목적향" 또는 합목적성으로서의 실천적(목적적) 의미, 이 두 경우에 공통적인 것은 그것들이 다른 것과의 '가리켜 지시하는 관계'를 함유하고 있다는 것이다. 여기서 의미론적 "뜻"으로서의 의미는 일반적인 의미 개념의 하나의 특별한 경우, 곧 염두에 둔 사실을 가리키는 목적적, 합목적적 단어 사용에 적용된 경우라는 결론이 나온다. 언어 행위로서의 발설도 의미 있는 일인데, 왜냐하면 내가 다른 사람에게 이해를 매개해 주려 하기 때문이다. 언어 사용에서 이해 매개를 위해 그 합목적성이 밝혀지고 인증된 말이나 진술들은 의미를 가진다.[108]

의미 전체성

우리의 물음에서 더 중요한 것은 의미 파악이란 의미에서의 모든 이해 현상이다. 곧 우리는 개별 내용의 의미를 원자들처럼 외떨어진 채로 파악하지 않고 오히려 다른 것과의 의미 연관성 속에서 파악한다. 개별적인 것은 의미 연관성 속에 있고, 그런 의미 연관성으로부터 비로소 개별적인 것은 이해되거나 온전히 이해될 수 있다.[109] 이는 개별 단어가 비로소 올바로 이해되게 되는 이론적 의미 연관성일 수 있다. 개별 진술의 의미는 대화나 언급이나 '글로 적인 문헌'의 더 많은 연관성 속에서 비로소 나온다. 우리는 "연관성을 벗어나 있을" 때 생기는 그릇된 해석이나 오해의 위험을 잘 안다. 개별적인 의미 내용은 오직 의미 전체성 안에서만 그 본래의 의미를 간직한다. 그런데 그런 의미 전체성은 또한 실천적 행위 연관성일 수도 있는데, 여기서도 우리는 이 행위 연관성을 통해 개별 행위나 수고, 도구나 시설이 의미 있다고, 다시 말해 목적에 부합한다고 비로소 이해하게 된다. 이론적인 것이든 실천적인 것이든 직접적인 의미 연관성은 자기 자신을 넘어 이를테면 우리의 직업상 업무의 목적 같은 또 다른 목적들의 더 큰 전체성을 가리키고, 결국 세상 안에서의 우리의 삶과 행위의 총체적인 연관성을 가리킨다. 이제 문제는 그런 우리 삶 전체가 의미가 있느냐 하는 것이다.

3. 의미 발견과 의미 수락

이 사실에서 우리는 의미 발견 또는 의미 수락이라고 부를 수 있는 그 다음 단계로 나아가게 된다. 그것은 우리가 실재 안에서 의미 있는 구조들과 연관성들을 발견한다는 것, 심지어 필연적으로 유의미성을 전제하거나 아니면, 때로 사람들이 이렇게 표현하기도 하듯이, 실재에 근본적으로 의미를 요청한다는 것을 의미한다.

의미 있는 실재?

한스 큉은 『신神은 존재하는가?』*Existiert Gott?*[110]에서 세상과 세상 안에서의 우리 삶의 근본적인 유의미성에 대한 "기본 신뢰"에 대해 이야기한다. 그는 자유로운 입장 표명에서, 실재 전체의 유의미성에 대한 수락이나 거부, 긍정이나 부정의 결단에서 이 기본 신뢰가 작용할 수 있다고 생각한다. 사실 그는 거부보다는 수락 쪽으로 우리가 "기운다"[111]고, 거부가 아니라 수락만이 "실천적인 삶 속에서 일관되게 관철되어야 한다."[112]고 말하지만, 어린 시절의 체험들 같은 것을 통해 다양하게 심리학적으로 영향을 받고 있는 자유 결단은 남아 있다.[113] 이런 견해는 전반적으로 옳은 견해이지만, 그것만 가지고는 충분하지 않다. 이 견해는 철학적으로 근거가 부족하고 반성이 부족하다.[114] 우리는 한 발짝 더 나아가야 한다. 실제로 우리의 온 삶은 그 어떤 삶의 실행도, 그 어떤 이론적 또는 실천적 차원도 실재에 대한 신뢰에 찬 근본적인 수락 없이는 도저히 가능하지 않다. 숨을 쉬거나 먹거나 마시거나 하는 가장 단순한 생물학적 과정들뿐 아니라 특히 보거나 듣거나 하는 감각적 지각들도 이미 실재에 대한 신뢰를 전제한다. 내가 수고하고 노력하는 것이나 도구를 사용하여 일하는 것 등 그런 모든 것이 실재의 의미 있는 연관성을 전제한다. 더 나아가 모든 합리적인 인식, 모든 상호 인격적인 관계, (큉도 제대로 보고 있듯이) 학문적 연구, 도덕적 행위, 종교적 신앙도 그렇다.[115]

여기서 이런 결론이 나온다. 곧 나는 내가 인지하고 사유하고 말하고 행하는 모든 것 안에서, 내가 살고 있는 세상에 대한 근본적인 유의미성을 전제하고 수락할 수밖에 달리 어떻게 할 수 없다는 것이다. 원칙적이고 일반적인 부정은 일체 가능하지 않다. 그런 부정은 세상 안에서의 인간 삶 자체를 말소할 것이다. 심지어 나는 부정하는 것이 의미 있다고 여기지 않고는 유의미성을 부정할 수도 없다. 나는 의미 없이, 의미 수락 없이 살 수 없다. 적극적으로 말하면, 실재와 실재의 의미 있는 구조들에 대한 근본적인 수락은 전체 인간 삶과 행위의 가능성의 조건이다. 그것은 내가 의식하든 의식하지 못하든, 명시적으로 원하든 원하지 않든 항상 어디서나 전제되어 있고 함께 실행되고 있다.

이를 기반으로 비로소, 그런 기본적 수락에 따를 것인지 따르지 않을 것인지, 그때그때 만나게 되는 실재에 대한 내 의식적인 입장에 따라 이 실재에 관여할 것인지 관여하지 않을 것인지, 따르고 관여한다면 얼마큼까지 그렇게 할 것인지 자유 결단하는 것이 가능하게 된다. 분명히 여기에서는 나 자신의 고유한 경험들과 결단들에 근거하는 심리학적 계기들도 함께 영향을 미친다. 또한 우리는 모든 것, 우리가 사용하는 사물들이나 관계하는 사람들을 맹목적으로 신뢰해서는 안 된다는 것, 오히려 어떤 태도를 취할 때 합리적으로 잘 구별해서 해야 한다는 것을 경험으로부터 배워야 한다. 개별적으로 보면 모든 것이 다 의미 있는 것은 아니다. 어처구니없고 비합리적인 것도 있다. 모든 것이 똑같은 방식으로 신뢰할 만한 것은 아니다.

하지만 유의미성에 대한 근원적이고 기본적인 수락이 전체 인간 삶의 조건이기 때문에, 부정은 항상 개별적으로만, 다시 말해 실재의 부분 관점들, 개별적인 사람들과 그들의 행위들, 개별적인 사물들과 사건들에 대해서만 가능하다. 그렇다고 실재의 의미 구조가 폐기되는 것이 아니라 오히려 새롭게 전제된다. 무질서가 (전제된 질서와 모순되는 것으로서) 오직 질서의 틀 안에서만 가능하고 거짓은 참을 전제하며 악은 선을 전제하듯이, 무의미는 근본적인 유의미하고만 대조를 이룰 수 있다. 이 전제는 자기모순 없이는 부정될 수 없다.

신神에 이르는 길?

그럼 의미 수락이 신에 이르는 길이 될 수 있는가? 심지어 혹시 "신 존재 증명"이 되기까지 할 수 있는가? 서양 전통의 가장 오래된 신 존재 증명은 그런 생각으로 거슬러 올라간다. 세상의 의미 있는 질서, 조화와 아름다움이 계획하고 질서를 부여하는 정신, 신적인 이성nous을 전제한다는 사실을 이미 아낙사고라스는 기원전 5세기에 알아냈다.[116] 그런 이유에서 아리스토텔레스는 수많은 수다쟁이들 사이에서 그가 첫 번째 통찰력 있는 현명한 사상가라고 그를 찬양했다.[117] 그런 인식은 철학 전통 안으로 들어왔다. 곧 세상의 의미 있는 질서는 계획하고 질서를 부여하는 신적인 이성일 수밖에 없는 어떤 원인을 전제한다는 것이다. 그런 생각을 우리는 예를 들어 토마스 아퀴나스의 다섯 번째 길quinta via[118]에서 찾아볼 수 있고, 또 근대에는 라이프니츠[119]에게서, 그리고 칸트의 이른바 "물리-목적론적physikoteleologisch 신 존재 증명"에서 찾아볼 수 있는데, 칸트는 이 증명을 "존중하는 마음으로" 언급한다. 칸트는 이 증명을 그 전제들로 볼 때 허용할 수 없다고 비판하지만 "이 증명의 명성을 손상하려 하지는 않는다."[120]

바로 그런 생각이 한스 큉의 생각의 기반에도 자리 잡고 있다. 사실 그는 엄밀한 의미의 "신 존재 증명"을 시도하려 하지는 않는다. 그러나 그는 어쨌든 자신의 말대로 하느님 신앙에 대해 "그 참됨을 밝히려" 한다. 여기서 그의 사유 과정의 논리적 구조는 베일에 싸여 있거나 그다지 명료하지 않지만, 그래도 우리는 세상과 세상 안에서의 우리 삶의 유의미성을 합리적으로 수락해야 한다고 말할 수 있을 만큼은 이 논리적 구조를 인식할 수 있다. 우리가 의미 있다고 수락해야 하는 이 실재는 자신의 유의미성의 최종 근거를 요구하는데, 그것은 오직 우리가 하느님이라고 부르는, 실재 전체의 절대적인 존재 근거, 의미 근거일 수밖에 없다.

'근본적으로 의미 있는 이 세상'의 우연성Kontingenz을 제시하고 인과성 원리를 도입한다면, 아니면 논란이 되고 있는 인과성Kausalität 개념을 피하기 위해 "충족 이유율"principium rationis sufficientis(라이프니츠)을 도입한다면, 우리는 신 존재 증명이라고 부르든 그렇게 부르지 않든 그런 사유 과정을 진행할 수 있다. 하지만 우리는 여기서 그런 증명의 가능성과 정당성에 대해 더 토론하지는 않을 것이다.121) 그 이유는 그런 증명이 타당하지 않거나 신 존재 증명을 하는 것이 무의미하고 불가능하기 때문이 아니라, 오히려 무엇보다도 이를 통해서는 인간 현존재의 의미 물음이 온전하게 답을 찾지도, 심지어 제대로 제기되지도 못한 상태가 되기 때문이다.

4. 의미 부여와 의미 실현

따라서 우리는 또 하나의 숙고 단계를 덧붙이려 하는데, 이 단계를 의미 부여 또는 의미 실현이라는 표제어로 부를 수 있다. 왜냐하면 인간 현존재의 의미가 오직 우리가 실재의 '객관적인 의미 구조들과 의미 연관성들'을 발견하고 수락한다는 사실에만 있고 그 사실에만 근거하는 것은 아님을 간파하는 것이 결정적으로 중요하기 때문이다. 물론 그것은 하나의 전제 조건이다. 하지만 우선적이고 결정적인 것은 우리 자신이 우리 삶에 의미를 부여하고 의미를 실현한다는

데 있다.

의미 창출?

“의미”란 우리가 발견하고 수락하는 것인가, 아니면 우리 자신이 의미를 부여하고 의미를 창출하는 행위를 하면서 비로소 그 토대를 놓는 것인가, 간단히 말해서, 의미 발견인가 아니면 의미 창출인가 하는 오래된 토론이 있다(또는 있었다). 하지만 하나가 다른 하나를 배제하지 않고, 오히려 포함하고 심지어 전제하기 때문에 이것은 참된 의미의 양자택일이 아니다. 인간의 모든 의미 부여와 의미 실현은 주어진 실재의 근본적인 유의미성을 자신의 의미 창출적 태도의 가능성의 조건으로 전제한다. 다른 한편으로는 인간 자신의 고유한 의미 기획 안에서만, 의미를 요구하고 의미를 실현하는 자기실행 속에서만, 실재의 의미 있는 구조들이 드러난다.[122] 모든 유의미성이 실재가 의미 및 가치 중립적이라는 전제 아래 (주관주의적으로) 오직 주체의 의미 창출적 행위들로 환원될 수 있는 것은 아니다. 오히려 주체의 의미 창출적 행위들은 이미 세계의 객관적인 유의미성을 전제한다. 다른 한편으로 우리 삶의 의미가 (객관주의적으로) 오직 객관적으로 의미 있는 ‘실재의 구조들과 연관성들’에만 근거하고 있을 수도 없다. 오히려 우리 삶의 의미는 우리 자신이 붙들고 기획하고 실현하는 것이어야 한다.

그럼 여기서 우리 자신이 실현해야 하고 우리 삶 안에서 삶의 의미의 성취를 발견하게 되는 이 '의미'는 무엇인가? 아리스토텔레스의 표현을 빌리면 인간 삶과 행위의 "후 헤네카"hou heneka, '그것 때문에'는 무엇인가? 이에 대해 답하는 것은 그리 쉬운 일일 수 없다. 그것은, 간단히 도식 형태로 말해서, '내재적 유의미성과 초월적[또는 이행적] 유의미성의 관계'와 '상대적 유의미성과 절대적 유의미성의 관계'에 근거하는 두 가지 이유 때문이다. 무슨 말인가?

목적 그 자체

첫 번째로, 우리 현존재에 의미를 부여하는 '그것 때문에'는 우리 바깥에 또는 우리를 넘어서 있는 어떤 목적에 있을 수 있는가? 그렇다면 그것에 의해 인간은 목적을 위한 단순한 수단으로 전락하고, 그것에 의해 인간 고유의 정신적-인격적 자기가치가 빼앗기는 것은 아닌가? 이미 아리스토텔레스는 "하우투 헤네카"hautou heneka[자기 자신 때문에] 안에서 그런 무조건적이고 폐기될 수 없는 자기가치에 대해 말하고 있다. "다른 것 때문이 아니라 자기 자신 때문에 있는 인간은 자유롭다."[123] 인간은 인격체로서 "목적 그 자체"이지 "단순히 수단으로만 사용되어서는 안 된다."[124]고 말하는 칸트도 마찬가지이고, "현존재가 존재하게 되는 '그것 때문에'는 현존재 자신이다."125) 하고 말하는 하이데거도 마찬가지이다. 철학 전통 안에서는 다른 목적들로 상대화되는 것을 허용하지 않는 인간 인격체의 본질, 품위, 자기가치에 대한 그런 기본 통찰이 변함없이 유지되었다. 다른 목적들로 상대화된다는 것은 헤겔과 마르크스의 표현을 빌리면 인간의 "자기소외"일 것이다.

하나의 작용의 의미가 그 작용의 ("텔로스"telos, 곧 목적을 향한) 목적향目的向에 있다면, 인간 삶과 행위의 의미는 오직 자기 자신의 전인적全人的 자기실현과 자기전개에 있을 수 있다. 하지만 더 나아가 의미가 어떤 것을 이해될 수 있고(진眞) 추구될 수 있게(선善) 해 주는 것이라면 의미 실현은 진과 선의 실행 속에서 이루어진다는 결론에 도달하게 되는데, 그러나 이 둘이 하나가 되는 가운데, 곧 선(추구될 만한 가치가 있는 것)으로서의 '진'과, 참된[眞] 선, 참된[眞] 가치로서의 '선'이 하나가 되는 가운데 이루어진다. 여기서 우리는 실재와 일치하는 본래의 단일성과 전체성을 발견하게 된다.126) 이것이 오늘날 많이 사용되고 오용되는 말, 곧 사람은 "자기소외"를 극복하고 "자기실현"을 해야 한다는 말의 원래 의미이다. 이것이 우리 현존재의 의미일 것이다. 그럼 이 말은 구체적으로 무엇을 의미하는가?

자기실현

자기실현은 우리 시대에 거의 슬로건 또는 유행어가 되어 버렸다. 바로 그런 이유에서 이 말은 제대로 반성되지 않은 채 여러 가지 의미로 사용되고 있다. 유한한 정신적-인격적 존재인 인간에게는 이 세상에서 결코 자기 자신 안에 폐쇄된 자기실현, 자기 자신 주위만을 맴돌고 자기 자신에만 사로잡혀 있으며 자기 자신 안에서만 그리고 자기 자신으로부터만 자기실현과 의미 실현을 추구하는 데서 얻어지는 순수 내재적인 자기실현이란 없다. 그런 것이 있다면 그 결과 이기심에 빠져 발육이 정지되고 무의미에 지쳐 질식한 인간 존재가 나올 것이다. 문제는 단순히 자기소외를 극복하는 것만이 아니라 자기폐쇄, 자기편집自己偏執에서 벗어나기도 하는 것이다. 역설적으로 들릴지 몰라도 자기 자신 안에 온통 폐쇄되고 자기 자신만을 중심에 놓는 태도는 다시 자기 소외의 한 양상이기 때문이다. 곧 그것은 참된 자기정체성의 획득이 아니라 상실이다.

참된 자기실현은 본질적으로 초월적transzendent 사건, 또는 초월적이란 단어에 대한 오해를 피하기 위해 다른 표현을 쓴다면 이행적移行的(transitiv) 사건이다.[127] 곧 그것은 자기 자신을 넘어서 밖으로 나가는 가운데, 다른 것을 위해 개방하고 투신하는 가운데, 다른 것에 헌신하는 가운데 이루어지는 사건이다. 그것은 이미 직업적인 일이나 공부, 또는 그 밖의 다른 일을 할 때 객관적인 과제나 요구 사항, 의무 등을 소박하게 준수하는 경우에 해당되는데, 그때 우리는 우리가 가진 가능성이나 능력을 통해 우리 자신을 실현한다. 그것은 특히 다른 사람들에 대한 행동에 해당된다. 바로 내가 나를 위해서가 아니라 다른 사람을 위해서 함께 있어 주고, 다른 사람에게 봉사하고 도우며, 신뢰와 선과 사랑을 선사하려고 애쓰고, 나 자신이 아니라 다른 사람을 염려해서 그런 행동을 실행에 옮길 때 참된 인간적 가치가 실현된다. 나는 나를 위해서가 아니라 다른 사람을 위해서 그렇게 행동한다. 분명 나 자신이 선하고 올바르게 행동하길 바라는 것, 다시 말해 도덕적으로 행동하려 하는 것이 내 행동의 동기였을 수 있고 또 그런 것이 동기가 되어야 한다. 하지만 그런 행동의 실행 속에서 나는 나 자신보다 다른 사람을 생각한다. 그리고 나는, 선과 사랑의 행위를 하고 또 그럼으로써 나 자신을 실현하고 내가 완전하게 되기 위해서 그렇게 행동하는 것도 아닌데, 왜냐하면 그럴 경우 인간 행동의 진실성이 이미 변조되고, 다른 사람은 나 자신의 자기실현의 "수단"으로 전락하여 더 이상 "목적 그 자체"로 받아들여지지 않았을 것이기 때문이다. 아니다. 나는 아주 단순히 다른 사람이 나를 필요로 하고, 내 도움에 의존하며, 내 선의와 인내를 요구하고, 내 사랑을 받을 가치가 있기 때문에, 다시 말해 그때그때 유일무이하고 반복될 수 없는 인격체로서 절대적인 자기가치를 가지고 있기 때문에 그렇게 행동한다. 내가 남을 위해 함께할수록, 그 가운데 나 자신을 잊고 떠날수록, 그런 의미에서 나의 밖으로 나갈수록, 나 자신을 뛰어넘을수록, 그럴수록 그 안에서 참된 인간적 가치들이 실현되고, 그럴수록 더 나 자신의 자기존재Selbstsein도 실현된다.128)

여기서 윤리적 관점에서도 중요한 '세상사世上事의 구조'가 드러난다. 왜냐하면 바로 인간적이고 그리스도교적인 기본태도들이 원칙적으로 직접적 지향으로 추구되거나 획득될 수 없다는 결론이 여기서 나오기 때문이다. 나는 결코 나 자신 또는 나의 사랑이나 겸손만을 생각하고, 나 자신에서 출발하여 그것을 실현하려고 노력하는 방식으로는 사랑이나 겸손에 도달하지 못한다. 이 경우 나는 나 자신한테만 머물고, 나 자신만을 생각하며, 나만을 찾고 추구한다. 그렇게 되면 나는 겸손이나 사랑과는 완전히 다른 존재가 된다. 오히려 나는 오직 나 자신을 생각하지 않고 다른 사람을 생각할 때, 나 자신을 찾거나 추구하지 않고 다른 사람을 추구할 때, 나 자신을 잊고 나 자신에게서 떠나 다른 사람을 위해 존재할 때, 나 자신과 내 관심 사항들을 인정과 경외심과 수락과 사랑을 받을 가치가 있는 다른 사람보다 우선순위에 두지 않을 때에만 겸손과 사랑의 태도에 도달할 수 있다. 자기 자신의 바깥으로 나갈 때에만, 다른 사람들을 위해 봉사하고 도와주는 존재로 살 때에만, 다시 말해 그리스도교에서 사랑이라고 부르는 태도로 살 때에만, 우리는 인간적 가치들의 실행 속에서 우리 자신을 실현한다. 우리는 우리 자신을 뛰어넘고 우리 자신에게서 떠날수록, 그만큼 더 우리 자신을 실현하고 발견한다. 인간은 자기 자신을 초월할수록, 그만큼 더 자기 자신의 고유하고 본래적인 본질을 현실로 만든다. 철학적으로 제시할 수 있는 이 구조는 다음 성경 말씀과 정확히 일치한다. "제 목숨을 보존하려고 애쓰는 사람은 목숨을 잃고, 목숨을 잃는 사람은 목숨을 살릴 것이다." (루카 17,33).[129]

수단과 목적

그러나 우리가 내재적 방식, 곧 오직 자기 자신 안에서 이루어지는 방식이 아니라, 이행적 방식, 곧 자기 자신에게서 나와 다른 것들로 가는 방식으로만 인간적-도덕적 가치들 안에서 참으로 우리 자신을 실현할 수 있다면, 여기서 우리가 다시 우리 자신을 다른 사람들을 위한 "수단"으로 만들고 "목적 그 자체"로 머물지 않는다는 결론이 나오는 것은 아닌가? 이것은 자신의 인격 가치에 모순되는 것은 아닌가? 이미 칸트는 인간이 인격체로서 결코 "단순한 수단"이 될 수 없다고 아주 올바르게 표현하였다. 물론 인간은 "목적 그 자체"로 들어 높여지지 않으면서 수단이 될 수 있고 수단이 되어야 하기도 하다. 여기서 우리는 사람들이 자주 잘못 이해하는 '목적과 수단의 관계'에 대해 올바로 해명해야 할 것이다. 만일 내가 예를 들어 어떤 도구, 칼, 컴퓨터 등등 한 사물을 목적을 위한 수단으로 사용한다면, 이때 그런 사용으로 인해 그것의 '자기 본래의 존재'가 위조되고 '자기 고유의 본질'이 소외되었다는 것을 의미하지 않는다. 오히려 그 반대로 그것은 바로 '자기가 거기 존재하는 목적'을 위한 수단으로 사용됨으로써 자신의 본래 존재가 수락되고 실현된다. 사람의 경우는 이와 다른데, 왜냐하면 사람은 인격적 자기가치를 소유하고 있고, 그래서 결코 "단순한 수단"이 될 수 없기 때문이다. 하지만 이 인격적 자기가치는 우리가 우리 자신을 뛰어넘고 다른 사람을 위해서 옆에 있어 줄 때, 그런 의미에서 "목적 그 자체"인 다른 사람을 위한 "수단"이 될 때, 포기되거나 폐기되지 않고 오히려 자기 본질에 합당하게 참으로 실현된다. 그런 방식으로 수단이 되는 것은 자신의 고유한 자기존재와 자기목적, 곧 참으로 인간적-도덕적인 자기실현을 매개해 주는 것이 된다.

여기서 우리가 앞에서 상대적 유의미성과 절대적 유의미성 사이의 관계라고 암시한 또 하나의 갈등이 나온다. 우리 현존재의 의미 부여로서의 '인간의 자기실현'은 많은 형태와 단계와 차원을 가진다. 진리 인식을 추구하는 것은 의미가 있다. 단순히 유익한 일을 하고, 객관적인 의무와 과제를 성취하는 것은 의미가 있다. 다른 사람들을 위해 함께 있어 주고 그들을 돕고 그들에게 봉사하며 그들을 돌보고 그들에게 자비와 사랑을 베푸는 것은 의미가 있다. 인간적 가치들을 위해 투신하고, 사회적 영역에서도 평화와 자유와 정의를 위해 투신하는 것은 의미가 있다. 우리가 선을 행하게 되고 참된 가치들을 추구하고 실현하게 되는 모든 것은 의미가 있고 우리 삶에 의미를 준다. 이 모든 것은 "그 자체로" 가치가 있다. 개별 행동의 온갖 조건성과 한계성에도 불구하고 그것은 무조건적이고, 또 그래서 폐기될 수 없는 고유 가치를 가진다. 따라서 우리는 의미 물음을 너무 성급하게 단순화시켜 최종적이고 절대적인 최고 가치만을 가지고 답할 수 없고, 또 그럼으로써 현존재의 참되고 타당한 의미 부여가 이미 실행되고 경험되는 세계내적 일상적 가치 실현의 온갖 형태와 단계들을 건너뛸 수 없다.

전체의 의미

그럼에도 불구하고 다시, 전체가 의미가 있는가 하는 물음은 여전히 남는다. 개별 내용 또는 발생 사건의 이론적 또는 실천적 "의미"는 항상 의미 있는 연관성, 의미 전체성 안에서만, 결국 (일체의 특정하고 한정된 연관성들을 넘어) 나의 삶과 나의 "세계"의 보편적인 의미 전체성 안에서만 파악되고 수락된다. 문제는 전체의 의미이다. 그 자체로 타당성이 있는 의미 부여와 의미 경험은 이를 통해서만 자신의 온전한 의미를 얻게 된다.

이와 대조되는 생각은, 배타적은 아니더라도 일방적으로, 우리의 삶과 행위의 의미를 그때그때 이루어지는 '유의미성의 개별 실현과 경험' 안에 정초하고 정당화하려는 것이다. "복된 순간"과 "행복의 성취"에 대해 말하는 막스 뮐러도 그런 경향을 보인다. "순수한 향유" 속에서, "이론의 순수한 복락",[130] 곧 정신적 통찰의 순수한 복락 속에서, 그리고 또한 성취된 업적, 성취된 사랑 속에서, 특별히 (역사적 인간에게는) "역사적인 언어 작품을 성공적으로 만들어 낸 행복 속에서, 그런 행복 속에서만 인간은 인간으로서 자기 자신을 발견한다."[131] 그는 요약하여 이렇게 말한다. "인간은 역사이지 단순히 역사를 가지는 것이 아니다. 여기에서만 인간은 세계로서의 고향, 온전한 일치의 세계로서의 고향, 다시 말해 자신의 의미를 발견한다. 언어와 고향을 매번 새롭게 발견하는 것이 역사의 유일한 의미이다. 이 의미 안에 신적인 것이 현존하고 자신을 드러내며 우리 삶을 정당화한다."132)

의미 물음에 대한 답으로서 이런 답은 우리 눈에 충분하지 않아 보인다. 물론 우리 삶에는 행복하고 의미 있는 개별 경험들이 주어져 있다. 오직 그런 전제 아래에서만 우리는 (유비적인 의미 기획 속에서) 온전하고 궁극적인 '전체 삶의 의미'를 향해 나아갈 수 있다. 하지만 우리는 동경과 희망과 신뢰의 마음으로 그것을 향해 나아가는데, 왜냐하면 개별적인 모든 의미 경험과 행복 경험은 제약되고 한정되고 부서지고 위태로워서 우리 삶 전체에 지속적인 의미를 부여할 수 없기 때문이다. 문제는 개별적인 행위나 경험들이 비로소 자신의 온전한 의미를 획득할 수 있게 되는, 자신의 의미 그대로 이해되고 수락될 수 있게 되는 전체의 의미이다. 그런데 우리 "생활세계"의 전체 연관성은 오직, 이 생활세계가 하나의 공통된 의미 근거, '의미를 부여하는 하나의 중심'과 관련지어지고 또 그것으로부터 이해될 때에만, 실로 이를 통해 우리의 삶과 행위 안에 있는 모든 개별적인 것이 자신의 본래 의미를 뒷받침 받고 자신의 본래 의미대로 정당화될 때에만 의미 있는 통일성과 전체성이다.

5. 최종적 의미 근거

의미 중심

이렇게 우리는 마지막 단계, 곧 의미 근거 또는 의미 중심에 대한 물음에 도달하였다. 그것이 무엇을 의미하는지는 역사 안에서 또는 지금 이 순간에도 눈에 띄게 계속 나타나는 한 가지 현상에서 분명하게 드러날 수 있다. 신神이 인식되거나 적어도 현존재에 최종적으로 의미를 부여하는 존재로 인정받지 않는 곳 어디에서나 신의 자리에 대신 다른 절대화된 존재가 들어선다. 세계내적인 다른 가치나 가치 영역이 절대화되고 삶과 수고 노력에 의미를 부여하는 오롯한 중심으로 자리 잡게 되면 그것은 종종 종교 또는 사이비종교의 방식으로 공경을 받기도 한다. 그것은 과학이나 진보일 수도 있고, 국가나 계급이나 정당 같은 정치적 이상일 수도 있다. 그것은 또 음악, 예술, 권력, 소유, 향락, 성공 같은 개인적인 삶의 목표일 수도 있다. 사실 우리 시대 많은 사람들이 돈을 위해서만 살고, 자신의 삶 전부를 오직 돈 버는 데 바치지 않는가! 그것은 또한 "마음을 전부 주는" 다른 어떤 것이 (우스꽝스럽게 보이는데도) 핵심 가치로 높여진 경우일 수도 있는데, 예를 들어 (실제로 내가 경험했듯이) 어느 외로운 할머니에게 종교적 관심이 없는지, 종교적 필요성을 못 느끼는지 물었을 때 "나는 그런 것이 필요 없어요. 나에게는 사랑하는 고양이들이 있어요." 하고 대답하는 것과 같은 경우일 수 있다. 그런 일이 실제로 있다. 이 사실은 인간의 근원적인 삶의 욕구로 볼 때 명백하게도 임의의 어떤 가치가 계속 절대화되고, 삶에 의미를 부여하는 중심이 된다는 것을 보여준다. 그런 일이 이루어지지 않으면, 다시 말해 인간이 신도 우상도 가지지 못하면, 인간은 빅터 프랭클이 잘 지적하듯이 일체의 유의미성이 산산이 부서지는 "실존적 공허"에 빠지게 된다.[133)]

신神 없는 의미?

의미 물음은 최근의 마르크스주의에서도 자세하게 논의되었다. 사실 마르크스는 삶의 의미에 대한 물음을 소시민적 선입견이라고 거부했었다. 그러나 "인도적" 또는 인본주의적 색채를 띤 신新마르크스주의는 이 물음을 명백하게 다시 받아들였다. 하지만 우리가 마르크스주의적 무신론의 공간 안에 계속 머물면서 예를 들어 에른스트 블로흐처럼 인류의 더 나은 미래에 대한 희망을 통해서나 아담 샤프Adam Schaff처럼 죽음을 포함한 미해결 문제들에 대한 합리적 설명을 통해서 인간 삶의 의미에 대해 답하려고 시도하거나, 밀란 마코벡Milan Machovec처럼 인간의 문제들의 극복을 위한 자유로운 대화를 통해 인간 삶의 의미 문제를 풀려고 하거나, 레체크 콜라코프스키Lesezek Kolakowski처럼 이를 위해 사회적 행복주의를 기획한다면[134](부연하자면 콜라코프스키는 나중에 점점 더 종교적 신앙에 자신을 열어놓았다.), 말하자면 삶의 의미를 오직 계급과 폭력 없는 사회에서 가지게 되는 인류의 완벽하게 행복한 미래를 위한 투신에서 본다면, 여전히 삶의 온전한 의미가 과연 주어지고 보장되었느냐는 물음, 실패가 있고 고통과 죽음이 있는데도 인간 현존재 전체의 최종 유의미성이 과연 보장되었느냐는 물음, 온갖 불의와 폭력, 모든 종류의 헛되이 흘린 피, 무의미해 보이는 고통이 있는데도 역사의 최종 의미가 과연 보장되었느냐는 물음은 남는다.

한편으로 미래의 지상 낙원은 순수한 이상향理想鄕으로 남는다. 지나간 역사 안에서나 현재 상황에서나 미래에 인간 사회의 오롯한 완성 상태에 도달한다고 믿을 만한 계기를 제공해 주는 것은 아무것도 없다. 지상 낙원이란 없다. 다른 한편으로 설사 그런 것이 실현될 수 있다 하더라도 과거의 온갖 불합리와 부조리, 불의와 고통과 죽음에 대한 그 어떤 의미도, 그 어떤 정당화도 있을 수 없을 것이다. 이 모든 것은 나중에 추가적으로 치유되거나 지워지지 않는다. 세계사는 온전히 평등하고 공정하게 될 수 있는 세계 법정이 아니다. 이 사실을 프랑크푸르트학파 창립자인 옛 마르크스주의

자 막스 호르크하이머Max Horkheimer는 생의 말년에 『완전히 다른 것에 대한 동경』에서 인상적으로 언급했다. 말하자면 "세계를 특징짓는 그런 불의에 머물지 않는다는 희망, 불의가 마지막 말이 아니리라는 희망"135)으로부터 — 따라서 신神에 대한 희망[으로]. 여기서 진지하고 진솔하게 제기된 의미 물음은 신으로의 통로를 열 수 있다는 사실이 드러난다.

조건적인 것 안에서 무조건적인 것

문제는 인간의 자기실현의 궁극적이고 본래적이고 타당성 있는 의미이다. 이 물음과 함께 다시 한번 우리 자신의 경험을 받아들이고 숙고해 본다면 이때 진기한 긴장 구조가 드러난다. 그것을 우리는 무조건적인 의미 요구와 조건적이고 한정적인 의미 성취 사이의 변증법이라고 말할 수 있을 것이고, 더 일반적 근본적으로는 조건적인 것 안의 무조건적인 것의 구조, 상대적인 것 안의 절대적인 것의 구조라고 말할 수 있을 것이다. 무슨 뜻인가?

우리의 인식은 필연적으로 진리의 무조건적 요구를 받고 있는데, 비록 인식된 진리가 개별적으로 아무리 조건적이고 한정적이라 하더라도, 그리고 우리가 결코 온전한 전체 진리에 가닿을 수 없고 무조건적 타당성의 지평 안에서, 타당해도 한정적인 부분 진리에만 항상 가닿을 수 있다 하더라도, 진리에 대한 무조건적 요구는 인식의 실행 안에 전제되어 있다. 진리에 대한 추구는 결코 완성될 수 없고, 진리의 요구는 결코 끝까지 성취될 수 없다. 조건적인 것 안에 무조건적인 것이 계속 있다.

마찬가지로 우리의 원의願意와 행위도 선善에 대한, '무엇이어야 하는지'에 대한 무조건적 요구를 받고 있다. 그것을 우리는 양심의 요구에서 경험한다. 그것은 비록 개별적인 행위가 아무리 조건적 한정적이고 사소해 보일지라도, 다른 어느 것에 의해서도 폐기되거나 상쇄될 수 없는 무조건적인 구속력을 가진 사실이다. 그럼에도 불구하고 우리 삶과 행위의 선성善性과 유가치성有價値性은 항상 한정되고 손상된 상태에 있으며, 우리 자신의 무능, 나약, 죄로 인해 의문시되기도 한다. 조건적인 것 안에 있는 무조건적인 것이라는 성취될 수 없는 과제가 남는다.

특히 우리는 다른 사람들과의 상호 인격적 관계에서 무조건적 요구를 경험한다. 이때 비록 타인은 유한한 존재이고 따라서 조건적이고 한정적인 인간임에도 불구하고 그 사람이 가진 인격적 존재의 무조건성, (무조건적으로) 인정과 존중과 사랑을 요구하는 그 사람의 인격적 가치의 무조건성이 우리에게 마주쳐 온다. 그 때문에 모든 인간적 가치들이 위협을 받거나 의문시되기도 한다. 신뢰와 선의는 오용되고,

사랑은 불충不忠으로 인해 위험에 처하며, 모든 인간적 이해력이 한계에 부딪친다. 모든 사랑 안에는 죽음에 의한 결별 때문에 최종적인 간격과 위협이 계속 남아 있다. 이것이 조건적이고 한정적인 인간 현존재 안에 있는 무조건성이다.

그것은 더욱이 우리가 평화, 자유, 정의 같은 사회적 가치들, 분명히 무조건적 타당성을 지닌 참된 가치들을 위해 투신하는 경우에도 해당된다. 할 수 있는 한 우리는 그런 가치들을 실현하고 인간 세계를 개선하려고 노력할 수 있고 또 노력해야 한다. 그러나 우리는 그런 가치들을 결코 완성할 수 없다. 거짓과 미움, 불의와 폭력, 탐욕, 권력욕과 소유욕이 항상 남아 있고 인간적 가치들을 위태롭게 한다. 아무리 우리가 더 나은 미래를 희망하고 추구해도 과거의 불의와 부정은 여전히 남아 있다. 그것은 없는 것처럼 되지 못하고, 역사의 수많은 희생은 제대로 보상 받지 못하며, 누구에게나 평등한 정의는 이루어지지 않는다. 다시 조건적인 것 안에 있는 무조건적인 것이다.

진眞과 선善, 그리고 인격적이고 사회적인 가치들의 실현을 향한 모든 인간적 추구 안에는 어디서나 항상 무조건적 의미 요구가 함께 포함되고 전제되어 있지만 그것은 경험적인 가치 실현과 가치 경험 안에서는 그 요구에 딱 맞게 해결될 수 없고, 우리의 세상 삶의 전체 연관성 안에서 어떤 의미 있는 목적에 도달했다 해도 해결될 수 없으며, 특히나 인류의 이상향적 미래 속으로 의미 있는 목적들을 외삽外揷하는 것으로는 해결될 수 없다.

그런데 이 사실은 인간의 자기실행 안에는 항상 향하는 무조건적 목적이 이미 전제되고 함께 수락되어 있다는 것을 보여준다. 나는 진眞의 요구를, 벗어나려 해도 다시 새롭게 전제하지 않고는 벗어날 수 없다. 나는 선善의 요구, 인간적으로 가치 있는 것의 요구를, 피하려 해도 다시 전제하지 않고는 피할 수 없다. (일반적으로 말해서) 나는 내 삶과 행위의 의미를, 부정하는 것 자체가 "의미 있다"고 주장하지 않고는, 다시 말해 새롭게 유의미성을 전제하고 실행 속에서 수락하지 않고는 부정할 수 없다. 유의미성이 무조건적으로 관철되고 있다.

무조건적 의미 근거

의미가 항상 그리고 필연적으로 모든 의미 있는 추구와 행위의 가능성의 조건으로 전제되는 한, 이 모든 사실에서 우리는 의미가(의미 요구와 의미 수락이) 초월론적인 특징을 가진 것이고, 의미 물음은 초월론적 물음이라는 결론에 도달한다. 무조건적 의미 요구와 이 의미 요구 안에서 비주제적인 채로 실행되고 있는 무조건적 의미 수락은, 현존재의 모든 차원에서 우리의 전체 현존재에 최종적인 의미를 부여해 주고 의미 충만을 보장해 주는 최종적이고 무조건적인 의미 근거를 전제한다. 다른 한편으로 무조건적 의미에 대한 그런 초월론적 전제와 수락에 우리는 경험적으로는 결코 온전하게 도달할 수 없다. 우리 경험의 모든 내용들은 언제까지나 한정되고 단편적이며, 우리의 자기실현도 끝까지 완성될 수 없고, 온전한 자기정체성도 끝내 도달될 수 없다.

선험적 필연적으로 전제되어 있고 우리 삶과 행위의 실행 안에 함께 수락되어 있는 의미 근거는 우리 경험의 조건적이고 제한적인 내용일 수 없고, 사물들 가운데 한 사물일 수 없으며, 여러 가치들 가운데 한 가치일 수 없다. 그것은 우리와 우리의 세계를 뛰어넘지만, 우리와 우리 세계에 의미를 부여하면서 지탱해 주고 감싸주는 절대적으로 초월적인 크기의 존재이어야 한다. 그리고 무엇보다 우리의 인간적-인격적 존재의 의미, 우리의 자기실현의 의미, 인격적이고 사회적인 가치들의 의미가 최종적으로 확실한 기반 위에 서고 보장되어야 한다면, 당연히 인격적인 존재 근거, 인격적인 의미 근거가 전제되어 있어야 하는데, 이 존재 근거, 의미 근거는 그 자신 정신적-인격적 생명과 의식과 자유를 소유하고 있는 존재, 모든 것 안에서 우리와 만나고, 우리에게 말 걸며, 모든 것 안에 현존하고 작용하고 있으며, 그 존재 안에 우리 현존재의 의미가 무조건적 궁극적으로 감춰져 있는 어떤 절대적인 당신[너]이어야 한다. 의미를 부여하고 의미를 숨겨 가지고 있는, 인간 삶이 향하는 목적은 우리와 우리 세계를 초월하는 절대적인 존재 근거, 절대적인 의미 근거로, 그런 존재를 우리는 종교적 신앙의 언어로 하느님[신神]이라고 부른다. 하느님[신神]만이 인간의 의미 물음에 대한 최종적인 답이다.

어쩌면 우리는 여기서 (신뢰할 만한 증인으로) 루트비히 비트겐슈타인의 말을 인용해도 좋을 것이다. 그는 일기에 이렇게 적었다. "신神을 믿는다는 것은 세상의 일들만 가지고 문제가 다 해결된 것이 아님을 볼 수 있다는 것을 의미한다. 신을 믿는다는 것은 삶이 의미가 있음을 본다는 것을 의미한다."136)

글을 마치면서 덧붙이고 싶다. 여기서 우리가 살펴본 내용은 우리가 실제로 경험하는 것, 또는 경험할 수 있는 것을 철학적으로 숙고하고 "개념화 하려고" 시도한 것이다. 신神에 대한 신앙에서 나오는 참된 의미 경험이 있다. 왜냐하면 신앙은 실재 전체를 새롭게 개관하고 우리 자신의 삶을 심도 있게 전체적으로 이해할 수 있는 눈을 열어주기 때문이다. 모든 경험 내용들, 모든 사건과 만남들, 모든 운명과 우연적인 일들, 무의미해 보이는 고통이나, 심지어 죽음에서 이루어지는 일체의 삶의 유의미성과의 단절까지, 이 모든 것은 만일 신과 관련지어지고 신에서 출발하여 새롭게 이해된다면, 비록 우리가 각 개별적인 경우에 그 의미를 온전히 이해하지 못한다 할지라도, 의미를 구성하는 새로운 배후 관계를 얻게 되고, 새로운 방식으로 의미 있는 것이 된다. 참되고 생동적인 하느님[신神] 신앙으로부터 그렇게 하나의 의미 전체성이 구성되는데, 이 의미 전체성 안에서 우리는 모든 것을 새로운 방식으로 이해할 수 있게 되고, 그렇게 이해한 데서 출발하여 모든 것을 의미 있는 것으로 경험할 수 있게 된다.

그런데 우리는 그런 경험을 다른 사람들에게도 전해 주고 다른 사람들을 납득시킬 수 있을까? 여기서 어떤 신 존재 증명 같은 것을 시도할 수 있을까? "신 존재 증명"이라고 부르든 그렇게 부르지 않든 분명 오늘날에도 신 인식에 대한 타당한 합리적 설명 방식들이 있다. 예를 들어 우리는 인간의 의미 물음, 의미 요구, 의미 수락에서 출발하여 신 안에서 우리 현존재의 무조건적 의미 근거를 제시할 수 있다. 그런데 분명 여러 가지 형이상학적이고 초월론적-철학적인 전제들을 가진 그런 제시는 우리 자신 안에서 이미 항상 일어나고 있는 일에 대한 주제적인 반성과 표현 외에 다른 어떤 것일 수 없다. 그러나 진리에 대한 모든 인식과 수락이 자유에서 나와 이루어지듯이, 더욱이 신에 대한 인식과 인정이 모든 합리적인 설명에도 불구하고 자유로운 동의를 요구하듯이, 무엇보다 인간 현존재의 의미 부여와 의미 실현의 이 관점에서도 같은 말을 할 수 있다. 문제는 자유이다. 그것은 우리가 자유를 사용하여 우리 삶의 의미와 가치를 실현하고 그런 가운데 최종적인 '전체의 유의미성'을 수락하기 때문이다. 사실 우리는 그 어떤 조건적이고 한정적인 가치도 무조건적 의미 부여로는 충분하지 못하다는 사실을 보여줄 수 있다. 하지만 그런 까닭에 무조건적인 의미 근거를 신 안에서 수락하고, 자기 스스로 현존재에 의미를 부여하면서 신과 관련시켜 삶을 바라보는 것은 오직 자유에 호소하는 일일 수 있을 뿐인데, 그것은 맹목적 선택의 비합리적 자의恣意에 호소하는 것이 아니라, 신 안에서 우리 현존재의 최종 의미를 받아들이는, 합리적 근거와 책임감이 있는 자유 결단에 호소하는 것이다.

/출/처/안/내/

사상사 안에서 자유: Zur Problemgeschichte menschlicher Freiheit, in: Zeitschr. für Kath. Theol. 94(1972), pp.257-289. 이 글은 이 책 출판을 위해 많이 수정 보완되었다.

자유와 대립되는 필연: Notwendigkeit gegen Freiheit. Zur Spannung zwischen griechischem und christlichem Denken, in: Überlieferung und Aufgabe(Festschrift Erich Heintel) II, Verlag Wilhelm Braumüller, Wien, 1982, pp.399-415.

신神에 대한 통로로서 의미 물음?: Die Sinnfrage als Zugang zu Gott? in: Zur Herausforderung des Glaubens durch den modernen Atheismus(Schriftenreihe des Sekretariats für die Nichtglaubenden, Nr. 2), Vortrag aus dem Jahre 1980, dann als MS gedruckt, Augsburg(o. J.).

/주註/

1) H. Diels - W. Kranz, Die Fragmente der Vorsokratiker, Berlin, ^{6}1955, I, 12 B 1. 우리는 Diels - Kranz의 번역을 항상 엄격하게 따르지는 않는다. 시간의 "질서"Ordnung는 어쩌면 "지시"Anordnung라고 더 잘 번역할 수 있을 것이다. 왜냐하면 "탁시스"taxis라는 말이 판결을 의미하기도 하기 때문이다. 참조: W. Jaeger, Die Theologie der frühen griechischen Denker, Stuttgart, 1953, 57 f. u. 240. 예거Jaeger는 "시간의 판결문에 따라"(46)라고 번역한다.

2) Protagoras 345e.

3) M. Heidegger, Über den Humanismus, in: Platons Lehre von der Wahrheit, Bern, 1947, 75 u.a.

4) 참조: D. Nestle, Eleutheria, Tübingen, 1967 pass., M. Pohlenz, Griechische Freiheit, Heidelberg, 1955.이것은 우리 문제에 대한 기본이 되는 작품 가운데 하나이다.

5) 참조: D. Nestle(각주 4), 12 ff. 고대 노예 제도 문제에 대해서는 여기서 자세히 다루지 못한다.

6) M. Pohlenz, 15. 참고할 그리스 문헌에 대한 또 다른 설명도 특별히 Pohlenz와 Nestle(samt Lit.)를 참조할 것. 여기서 우리는 개별적으로 하나 하나를 열거하지 못한다.

7) Memorabilia III, 9, 4 f., ed. C. Hude, Leipzip, 1934, 177.

8) 여기에서는 초기의 인용 출처에서 인용한다고 추론할 수 있는 옛 단어 "makar"가 나온다. 하지만 아리스토텔레스는 이런 맥락에서, 우리에게 친숙한(참조: 마태 5,3-11) 나중의 단어 형태 "makarios"(행복하다)를 사용한다.

9) 예를 들면, W. Windelband - A. Goedeckemeyer, Geschichte der abendländischen Philosophie im Altertum, München, ^{4}1924, 98 f. 사람들은 그런 견해를 계속 주장하고 있다.

10) M. Heidegger, Die onto-theo-logische Verfassung der Metaphysik, in: Identität und Differenz, Pfullingen, 1957, 70.

11) Kant, KpV 8 155 f. 참조: Grundlegung zur Metaphysik der Sitten, WW IV, 428 ff.

12) Hegel, Die Vernunft in der Geschichte (Einleitung in die Philosophie der Geschichte), hrg. von J. Hoffmeister, Hamburg, ^{5}1955, 55.

13) M. Heidegger, Vom Wesen des Grundes, Frankfurt ^{4}1955, 37 f.

14) 참조: M. Müller, Freiheit I: Staatslexikon III, Freiburg, 1959, 538-544. Ders, Freiheit 3: Sacramentum mundi II, Freiburg, 1968, 88-95. 여

기서 저자는 그리스의 자유를 오직 정치적 자유 개념(엘레우테리아)에 제한시켜 다루는 데 반해 도덕적 자유 의식은 완전히 거부한다. 그런 오류는 사람들이 오직 "엘레우테리아"eleutheria라는 단어만을 생각하는 데서 나온다. 하지만 아리스토텔레스는 도덕적인 자유에 대해 아주 다른 개념들을 사용하여 숙고하였다.

15) 디오게네스 라에르티오스Diogenes Laertios를 통해 전해진다. 7, 87.

16) 참조: H. Schlier, in Kittel, Theol. Wörterbuch zum NT II, Stuttgart, 1935, 492-200.

17) Aristoteles, Met. XII, 7, 1072b 14 ff.

18) 참조: G. Siewerth (Hrg. u. Einl.), Thomas von Aquin, Die menschliche Willensfreiheit, Düsseldorf, 1954. K. Riesenhuber, Die Transzendenz der Freiheit zum Guten. Der Wille in der Anthropologie und Metaphysik des Thomas von Aquin, München, 1971.

19) 참조: K. Riesenhuber(각주 18), 특히 188-208.

20) 목적이 아니라 목적을 위한 수단만이 자유로운 선택의 대상이라는 점에서도 토마스는 아리스토텔레스를 따른다. De ver. 22. 5c. 참조: Nik. Ethik III, 5, 1112b 34 f.

21) 이에 대해 특히 다음의 글 참조: W. Hoeres, Der Wille als reine Vollkommenheit nach Duns Scotus, München, 1962.

22) 참조: L. Oeing-Hanhoff, Descartes' Lehre von der Freiheit: Philosophisches Jahrbuch 78(1971), 1-16.

23) 참조: Aristoteles, Nik. Eth. III, 4, 1112a 5 f.

24) 여기서 "종살이"와 "자유"의 대립이 다시 등장한다.『윤리학』제4권은 "인간의 종살이"de servitute humana를 다루고, 제5권은 "인간의 자유"de libertate humana를 다룬다. 하지만 이 이원성은 여기서 윤리적인 것, 곧 '정동情動들에 의한 종살이와 이성적 통찰에 의한 자유'를 향하고 있다.

25) G. W. F. Hegel, WW(Glockner) XI 44; 참조: ders., Die Vernunft in der Geschichte(VG). Hg. von Hoffmeister, Hamburg, [5]1966, 55 f.

26) 참조: Enzyklopädie 1830. Hg. von Nicolin u. Pöggeler, Hamburg, [6]1959, §482, 588.

27) 참조: E. Coreth, Die Geschichte als Vermittlung bei Hegel: Phil. Jahrbuch 78(1971), 98-110.

28) 참조: 특히 H. Fuhrmanns, Dokumente zur Schellingforschung: Kant-Studien 47(1955/56), 182-191; 273-287; 378-396. 특히 Vorlesung Schellings, 1827/28, 280.

29) M. Scheler, Die Stellung des Menschen im Kosmos. Darmstadt, 1928. Ders., Zur Idee des Menschen: Vom Umsturz der Werte(Abhand-

lungen und Aufsätze), Bern, [4]1955, 171-195.
30) H. Plessner, Die Stufen des Organischen und der Mensch. Einleitung in die philosophische Anthropologie. Berlin [2]1965.
31) A. Gehlen, Der Mensch. Seine Natur und Stellung in der Welt. Frankfurt-Bonn, [7]1962. Ders., Urmensch und Spätkultur, Frankfurt, [2]1964.
32) A. Portmann, Biologische Fragmente zu einer Lehre vom Menschen. Wien, 1951. Ders., Zoologie und das neue Bild des Menschen. Hamburg, 1956. Ders., Biologie und Geist, Freiburg, 1963.
33) 우리가 여기서 "기본자유"라고 부르는 것에 대해서 참조: E. Coreth, Was ist der Mensch? Grundzüge einer phil. Anthropologie, Innsbruck, [3]1980. Ders., "Die Freiheit des Menschen"(Salzburger Hochschulwochen, 1982), in: Menschwerden-Menschsein, hrsg. von P. Gordan, Kevelaer-Graz, 1983, bes. 58-78.
34) 이미 교부철학은 그런 종합을 위해 노력했다. 그런 종합은 카롤링거 르네상스 때 알쿠인Alkuin, 마우루스Rh. Maurus 등에 의해 명시적인 프로그램이 되었고, 나중에는 모든 형태의 그리스도교적 인본주의 안에서 계속 영향을 미쳤다.
35) 다시 순수한 복음을 복구하는 것이 이미 종교 개혁의 동력이었는데, 멜란히톤Melanchthon 등등은 그것에 대한 의무감을 가지고 있었고, 최근에는 특히 하르나크A. Harnack가 이를 다시 강조하였다.
36) 우리는 칼케돈 공의회의 명시적인 반反플라톤적 경향을 주목할 수 있다. 이런 문제 전반에 대해 참조: A. Grillmeier, Mit Ihm und in Ihm. Christologische Forschungen und Perspektiven. Freiburg, [2]1978. Ders., Jesus der Christus im Glauben der Kirche I. Von der Apostolischen Zeit bis zum Konzil von Chalcedon. Freiburg, 1979.
37) 참조: <Th. Boman, Das hebräische Denken im Vergleich mit dem griechischen. Göttingen, 1954>를 둘러싼 토론.
38) 참조: Augustinus, De Civ. Dei, XII, 14.
39) 참조: F. Nietzsche, VI 231 f., 334 u.a., XII 369, 404, 405 u.a.; <Nietzsches Werke, hrsg. vom Nietzsche-Archiv. Leipzig, 1894-1912>에서 인용.
40) Heraklit, vgl. bes. Diels-Kranz, B 30 f., 64, 66, 90, 103 u.a.
41) Ebd. B 67.
42) Empedokles, vgl. bes. B 15-22, 26, 35 u.a.
43) Anaxagoras, B 12.
44) 이에 대한 기본적인 연구 논문 참조: A. Momigliano, Time in ancient Historiography, in: History and Theory(Beiheft 6).

45) Proklos, in Tim. III 40, 30; (helix는 나사 또는 나선이다); 참조: W. Beierwaltes, Proklos. Frankfurt, 1965, 141.
46) Proklos, in: Tim. III 21, 4 f.; 참조: ebd.
47) Anaximander, B 1.
48) 참조: W. Schadewaldt, Das Drama der Antike in heutiger Sicht, u.a. In: Hellas und Hesperien I, II. Zürich-Stuttgart, 1970.
49) Platon, Protagoras 345d.
50) U. Willamowitz-Moellendorf, Der Glaube der Hellenen, Darmstadt, ^{2}1955. 이 책은 맹목적 운명에 대한 그리스인들의 믿음에 의문을 제기한다. 그런 견해들은 "경신행위敬神行爲와 아무 상관이 없는 아주 후기의 추상적 생각들 …"이라는 것이다(I 355).
51) W. Beierwaltes, Proklos, Frankfurt, 1965. Ders., Platonismus und Idealismus, Frankfurt, 1972. K. Kremer, Die neuplatonische Seinsphilosophie und ihre Wirkung auf Thomas von Aquin, Leiden, 1966. W. M. Neidl, Thearchia, Die Frage nach dem Sinn von Gott bei Pseudo-Dionysius Areopagita und Thomas von Aquin, Regensburg, 1976(Lit.).
52) 이에 대해 특히 참조: Beierwaltes, Proklos.
53) 종종 적극적으로 표현되기도 한 그런 소극적 자유 개념은 특히 오리게네스와 마르키온Marcion의 논쟁을 통해서도 설명될 수 있다. 하느님은 어떤 방식으로도 세계 안에 있는 악에 대해 책임이 없다는 것이다. 참조: Origenes, Vier Bücher von den Prinzipien. Hg. v. H. Görgemann u. H. Karpp. Darmstadt, 1976, I 1 ff., 8, 253 f.; II 6, 8, 9, 413, 419; III 1, 24, 259 ff., 601. 이 문제에 대해 나는 오리게네스 전문가인 리스L. Lies SJ의 도움을 받았다. 참조: 그의 글, ZkTh 102(1980), 61-75, 190-205.
54) 우리는 하느님의 본질과 그분의 원의願意의 구별에 주목해야 한다. 참조: E. Mühlenberg, Die Unendlichkeit Gottes bei Gregor von Nyssa, Göttingen, 1966, 140.
55) 오리게네스의 경우 이집트 신화, 특히 'Corpus Hermeticum'의 영향을 받았다고 할 수 있다. 참조: K. W. Tröger, Mysterienglaube und Gnosis im Corpus Hermeticum XIII(TU 110), Berlin, 1971.
56) 참조: 1코린 1,18-31.
57) 참조: Ch. Parma, Pronoia und Providentia. Der Vorsehungsbegriff Plotins und Augustins. Leiden, 1971.
58) 『신적인 이름들』보다 같은 저자의 글이라고 확실하게 받아들이는 『천상 위계질서』와 특히 『신적인 위계질서』가 이 사실을 더 잘 증명한다.
59) 참조: W. M. Neidl(각주 51).
60) 토마스 아퀴나스가 자신의 주석서의 틀 안에서 디오니시우스의 생각을

근본적으로 어떻게 새롭게 해석했는지에 대해 특별히 나이들W. M. Neidl은 잘 보여주었다.

61) Porphyrios, Vita Plotini, 131 f.

62) 비록 13세기에는 나중에 14, 15세기처럼 본래 아베로에스주의자늘 "학파"가 있지 않았음에도 불구하고 우리는 여기서 특히 브라방의 시제Siger von Brabant를 언급할 수 있다. 참조: F. v. Stenberghen, Maitre Siger de Brabant(Philosophes Medieveaux, Tome XXI). Louvain-Paris, 1977(Lit.).

63) 참조: Spinozas Def. d. Freiheit, in: Ethica I, Def. 7; dazu: Prop. 17, 18.

64) Ebd. V, De Libertate Humana, Prop. 6 u.a.

65) 사변적 연관성을 묘사하려는 다음 시도를 참조하기 바란다: E. Coreth, Einführung in die Philosophie der Neuzeit, Freiburg, 1973, 89-105.

66) 칸트에게 형이상학의 대 주제들은 신과 자유와 불사불멸이다. 참조: B 7, B 395 Anm., u.a.

67) Kant, Kritik der prakt. Vernunft, bes. Vorrede.

68) B 560-B 586.

69) 참조: Kritik der Urteilskraft, bes. Einleitung.

70) J. G. Fichte, WL 1794. Gesamtausg. nach J. H. Fichte, I 261.

71) 참조: E. Coreth, Vom Ich zum absoluten Sein, in: ZkTh 79(1957), 257-303. 후기 피히테에게서는 다시 신플라톤주의적 사고가 분명하게 나타난다.

72) Spinoza, Ethica I, Prop. 17. 마찬가지로 피히테도 단호하게 자유로운 창조를 거부한다. 참조: 예를 들면 복된 삶에 대한 지시. V 496 ff. 신으로부터 생겨 나옴은 필연적으로 신의 본질로부터 귀결되어 나와야 한다. WL 1810, V 510.

73) F. W. J. Schelling, Vom Ich, WW I 181. Phil. Briefe über Dogmatismus und Kritizismus, WW I 318(WW-Schröter, alte Pag.).

74) Ders., WW XIII 163.

75) 특히 동일성 철학의 작품들에서 그렇다. Darstellung meines Systems (1801)과 Bruno(1802)

76) F. W. Hegel, Differenzschrift, WW I 124. Logik I, WW IV 78(ed. Glockner).

77) 참조: Beierwaltes, Hegel und Proklos, in: Platonismus und Idealismus, a. a. O.

78) L. Feuerbach, Grundsätze der Philosophie der Zukunft, §29. Sämtliche Werke, Stuttgart ^{2}1959, 291.

79) 최근에는 오리게네스에게서 이미 나타나는 삼단적 사고에 대한 지적이 있었다. E. Schadel, Origenes. Die griechisch erhaltenen Jeremia-

homilien, Stuttgart, 1980, 23-42.
80) 참조: L. Oeing-Hanhoff, Konkrete Freiheit. Grundzüge der Philosophie Hegels. In: Sitmmen der Zeit 181(1971), 372-390. Ders., Das Reich der Freiheit als absoluter Endzweck der Welt, in: Freiheit. Theoretische und praktische Aspekte des Problems. München-Freiburg, 55-83. E. Coreth, Zur Problemgeschichte menschl. Freiheit, in ZkTh 94 (1972), 257-289, bes. 284-287.
81) 특히 "Vorlesungen zur Religionsphilosophie"에서.
82) 헤겔을 특히 신론과 그리스도론과 삼위일체론에서 그리스도교적 사상가라고 주장하려는 많은 시도가 계속 이루어졌다. 이에 대해 지금까지 가장 훌륭하고 비판적으로 믿을 만한 입장 표명은 다음 글에서 찾아볼 수 있다. W. Kern, Dialektik und Trinität in der Religionsphilosophie Hegels, in: ZkTh 102(1980), 129-155.
83) 특히 셸링의 <Münchener Vorlesungen zur Geschichte der neueren Philosophie, WW X, 126-164>에 나오는 헤겔에 대한 장.
84) 특히 F. W. J. Schelling, Vorlesungen vom WS 1827/28. 참조: H. Fuhrmans, Dokumente zur Schellingforschung, in: Kant-Studien 47(1955/56), 273-287 und 378-396. Bzgl. d. Spinozist. Dreiecks. Vgl.: 280 ff., 284. 이에 대해 또한 참조: Schelling, WW VII, 242. 셸링은 후기에 "삼각형" 이론을 극복한 것으로 보인다.
85) 참조: J. Donceel, The Searching Mind, An Introduction to a Philosophy of God, Notre Dame-London, 1979. N. Clarke, The Philosophical Approach to God, Winston-Salem, 1979.
86) H. Küng, Christ sein, München, 876. Ders., Existiert Gott, München, 1978. 참조: E. Coreth, Existiert Gott? Gedanken zum Buch von Hans Küng, in: ZkTh 101(1979), 6-27.
87) G. F. W. Hegel, Phänomenologie des Geises, WW 2, 620.
88) 참조: E. Coreth, Identität und Differenz, in: Gott in Welt(Festschrift für Karl Rahner), Frankfurt, 1964, I 158-187.
89) 이 글은 1980년 12월 13일 키르히베르크Kirchberg in Tirol에서 "신학과 교회에 대한 현대 무신론의 도전"이라는 주제로 진행된 대화-사무국Dialog-Sekretariat의 학술회의에서 행한 강연을 책에 싣기 위해 수정 보완한 것이다.
90) 몇 가지 아주 중요한 (독일어권) 참고문헌을 소개하면 다음과 같다. R. Lauth, Die Frage nach dem Sinn des Daseins, München, 1953. H. Reiner, Der Sinn unseres Daseins, Tübingen, 1964. B. Grom u. J. Schmidt, Auf der Suche nach dem Sinn des Lebens, München, 1975. M.

Müller, Sinn-Deutungen der Geschichte. Drei philosophische Betrachtungen zur Situation, Zürich, 1976. Ders., Sinn und Sinngefährdung des menschlichen Daseins, in: Erfahrung und Geschichte, Freiburg, 1971, 124-157. J. B. Lotz, Wider den Un-Sinn. Zur Sinnkrise unseres Zeitalters, Frankfurt, 1977. Ders., "Sinn", in: W. Brugger, Philosophisches Wörterbuch, Freiburg, [14]1976, 352-354. Ders., "Sinn", in: Lexikon für Theologie und Kirche, 9. Bd., Freiburg, 1964, 784-786. R. Schaeffler, "Sinn", in: Handbuch philosophischer Grundbegriffe, 3. Bd. III, München, 1974, 1325-1341. A. Paus(Hrsg.), Suche nach Sinn - Suche nach Gott(Salzburger Hochschulwochen, 1977), Graz, 1978. B. Welte, Religionsphilosophie, Freiburg, 1978. H. Küng, Existiert Gott? Antwort auf die Gottesfrage der Neuzeit, München, 1978. Vgl. E. Coreth, Weltverständnis und Gottesfrage, in: Atheismus kritisch betrachtet (hrsg. von E. Coreth u. J. B. Lotz), München, 1971, 244-268.

91) H. Diels u. W. Kranz, Die Fragmente der Vorsokratiker, 1 Bd., Berlin, [5]1934, 22 B 1; 2(92); 45(71); 115(93) u.a.

92) W. Nestle은 "이성"이라고 번역한다: Die Vorsokratiker, Jena [2]1925, 115 f. W. Capelle는 "세계 법칙" 또는 "세계 이성"이라고 번역한다: Die Vorsokratiker, Stuttgart, [5]1963, 135 f.(거기 각주 5도 참조할 것). H. G. Gadamer는 "가르침" 또는 "의미"라고 번역한다: Philosophisches Lesebuch I, Frankfurt, 1965, 23 f. 좋은 번역들임에도 불구하고 이렇게 다르게 번역하고 있다는 사실은 이미 우리가 이 단어를 "의미"에만 고정시키지 않도록 조심하라고 주의를 환기시킨다. 하지만 헤라클레이토스가 하나의 의미를 규명하려고 시도하는 한, 그에게는 세계 사건의 의미가 문제였지 인간 삶의 의미가 문제였던 것은 아니다. 가장 좋기는 이 단어를 번역하지 않고 그냥 "로고스"라고 두는 것이다. 참조: W. Jaeger, Paideia I, Berlin, [3]1954, 212.

93) Aristoteles, Met. I, 3, 983a 21 f; 참조: Phys. II, 3, 7.

94) Thomas v. Aquin, S. th. I, 5, 2; I II, 1; 7 u.a.

95) Kant, Kr. d. U. 426; 참조: Kr. d. r. V. B. 425.

96) Kant, Kr. d. pr. V. 155 f; Metaph. der Sitten, WW IV, 429-435.

97) Kr. d. pr. V. 198-203; 219-237.

98) Hegel, Enzyklopädie 1830, §469(hrsg. von Nicolin u. Pöggeler), Hamburg, [6]1959, 380; 참조: WW(Glockner) X, 365.

99) Hegel, Die Vernunft in der Geschichte(hrsg. von J. Hoffmeister), Hamburg, [5]1966, bes. 50-54; 64; 73-78.

100) Hegel, 특별히 Enzyklopädie, 1830, §94.

101) 참조: Pietschmann, Das Ende des naturwissenschaftlichen Zeitalters. 어쨌든 치밀한 자연 과학자 한 사람이 오늘날 그런 주장을 하고 있다는 사실은 주목할 만하다. 그것은 수십 년 전만 해도 상상도 할 수 없는 일이었다. 이 사실도 우리 시대의 한 표징이다.
102) 잘 알려져 있듯이 현대 복지 사회는 높은 자살률을 보이고 있다. 이 사실은 삶에 아무런 의미도 줄 수 없는 물질적 진보에 사람들이 극히 싫증이 났다는 것을 보여준다.
103) L. Wittgenstein, Philosophische Untersuchungen, §43.
104) R. Lauth, Die Frage nach dem Sinn des Daseins, München, 1953, 특히 28-34쪽에서 아주 섬세하게 의미라는 말의 뜻을 자세히 구별하고 있다.
105) K. Lehmann, Vom Sinn der christlichen Existenz zwischen Enthusiasmus und Institution, in: A. Paus(Hrsg.), Suche nach Sinn - Suche nach Gott(참조: 각주 90), 53. 여기서 레만은 가치Wert와 규범Norm 개념에 대해 178개의 정의를 열거하는 <R. Lautmann, Wert und Norm, Berlin 1971>을 끌어댄다. 그리고 그는 이렇게 덧붙인다. "어쩌면 우리는 의미 개념에 대해서도 이와 비슷한 많은 수의 개념 규정들에 도달할 수 있을 것이다."(53).
106) 참조: J. B. Lotz, "Sinn" in: Lexikon für Theologie und Kirche, Bd. 9, Freiburg, 1964, 785. 그런 "객관적인" 뜻 외에 "주관적인" 뜻도 있는데, 이에 대해서는 여기서 다루지 못한다.
107) 스콜라 철학의 용어로 말하면, "피니스 퀴"finis qui가 아니라 "피니스 쿠오"finis quo라고 할 수 있다. 도달되어야 하고 실현되어야 하는 목적 그 자체가 아니라 작용이 "향하고 있는" 목적향目的向이 그 작용의 의미이다. 물론 그것이 해당 작용의 실제적으로 가능한 목적, 다시 말해 도달될 수 있고 실현될 수 있는 목적이라는 전제 아래에서 하는 말이다.
108) 이런 "특별한 경우"와 일반적인 의미 개념의 관계에 대해서는 특히 Schaeffler가 잘 설명해 주었다. R. Schaeffler(각주 90).
109) (슐라이어마허와 드로이젠에서 출발하여 딜타이와 후설을 거쳐 하이데거와 가다머에 이르기까지) 해석학에서 이미 잘 알려져 있고 또 중요성을 가지고 있는 이 현상에 대한 자세한 내용은 다음 책을 참조할 것. E. Coreth, Grundfragen der Hermeneutik. Ein philosophischer Beitrag, Freiburg, 1969. 특히 44-54, 82-93.
110) H. Küng(각주 90), 특히 490-510.
111) Ebd. 491; 493.
112) Ebd. 492; 494 f.
113) Ebd. 502-510.

114) 이 책에 대한 나의 입장 참조. E. Coreth, Existiert Gott? Gedanken zum Buch von H. Küng, in: ZKTh 101(1979), 6-27.
115) H. Küng, a. a. O., 510-525.
116) Anaxagoras, Diels-Kranz B 8.
117) Aristoteles, Met. I, 3 984b 15-18.
118) Thomas von Aquin, S. th. I, q2, a2.
119) Leibniz, Monadologie §§36-42 u. ö.
120) Kant, Kr. d. r. V., B 648-658, 인용은 651 f.
121) 참조: W. Brugger, Summe einer philosophischen Gotteslehre, München, 1979. 특히 102-129.
122) 참조: R. Schaeffler(각주 90).
123) Aristoteles, Met. I, 3. 982b, 25 f.
124) Kant(각주 96).
125) Heidegger, Vom Wesen des Grundes, Frankfurt, [4]1955, 37.
126) 참조: M. Müller, Weisen der Sinnerfahrung des Menschen von heute, in: A. Paus(각주 90), 9-45, bes. 22 ff.
127) "초월적"이란 말은 자주 여기서 말하는 것과 같은 넓은 의미로, 자신을 뛰어넘고 자신으로부터 나와서 나의 세계의 사물들과 사람들에게 나아간다는 의미로, 다시 말해 수평적 차원으로 사용된다. 예를 들면: M. Heidegger, Vom Wesen des Grundes, Frankfurt, [4]1955, 18-42. 하지만 이 단어는 대부분 보다 엄격한 의미, 곧 수직적 의미로 이해된다. 곧 신神은 세상과 대조적으로 절대적으로 "초월적"이시다(현실태적aktuell 초월). 유한한 정신은 절대자에 정향定向되어 있는 한 "초월적"이다(잠재력상virtuell의 초월). 참조: E. Coreth, Metaphysik, Innsbruck, [3]1980, bes. 518 u. ö. 우리는 여기서 절대적 초월에 대한 생각을 (배제하지는 않지만) 즉각적으로 암시하지 않기 위해 우선 세계내적이기도 한 또 하나의 의미로, 자기 자신에게서 나가 다른 것으로 나아가는 "이행적" 사건이라는 말을 사용한다.
128) 이 사실을 나는 다음 글에서 더 자세히 설명하고 그 형이상학적 구조에서 이 사실의 근거를 찾으려 노력했다. E. Coreth, Metaphysik(참조: 각주 127), 특히 387 f., 460-477.
129) "제 목숨을 얻으려는 사람은 목숨을 잃고, 나 때문에 제 목숨을 잃는 사람은 목숨을 얻을 것이다."(마태 10,39)와 "정녕 자기 목숨을 구하려는 사람은 목숨을 잃을 것이고, 나 때문에 자기 목숨을 잃는 그 사람은 목숨을 구할 것이다."(루카 9,24)도 참조할 것. "자기 목숨을 사랑하는 사람은 목숨을 잃을 것이고, 이 세상에서 자기 목숨을 미워하는 사람은 영원한 생명에 이르도록 목숨을 간직할 것이다." 하고 말씀하시는 요한 12,25도 이와 비슷한데, 여기서는 사랑과 미움이라는 말을 통해 대립 명제가 더 첨예하게 나

타나고, "이 세상에서의 목숨"과 "영원한 생명"이라는 추가적 표현을 통해 신학적인 해명이 이루어지고 있다. 하지만 변증법적 구조는 여전히 남아 있다.

130) M. Müller, Weisen der Sinnerfahrung des Menschen von heute, in: A. Paus(각주 90), 39-41.

131) A. a. O., 42.

132) Ebd.

133) 프랭클Viktor Frankl의 여러 저술들: Ärztliche Seelsorge, Wien, [7]1966; Der Mensch auf der Suche nach Sinn, Freiburg, 1972; Der Mensch vor der Frage nach dem Sinn, München, 1979; Die Sinnfrage in der Psychotherapie, in: A. Paus(각주 90), 309-339.

134) 참조: H. Rolfes, Der Sinn des Lebens im marxistischen Denken. Eine kritische Darstellung, Düsseldorf, 1971. K. H. Weger(Hrsg.), Religionskritik von der Aufklärung bis zur Gegenwart(Autorenlexikon, Herderbücherei), Freiburg, 1979.

135) M. Horkheimer, Die Sehnsucht nach dem ganz Anderen, Hamburg, 1970, 61. 그에게 희망은 "살인자가 무죄하게 희생당한 사람을 딛고 개선가를 부르지 않으리라는 … 데 대한 동경의 표현"(62)이다. 종교는 "인간이 유한한 존재라는 사실, 고통받고 죽어야 한다는 사실을 깨우쳐 줄 수 있다. 또 고통과 죽음을 넘어, 이 지상 현존재가 절대적이지 않았으면, 최종적인 것이 아니었으면 하는 동경이 있다는 사실을 깨우쳐 줄 수 있다." (67). 왜냐하면 "완성된 정의는 … 세속 역사 안에서 결코 실현될 수 없기" 때문이다. "왜냐하면 설사 더 나은 사회가 현재의 사회적 무질서를 몰아내고 대신 들어선다 하더라도, 과거의 비참이 공정하게 보상을 받거나 주변을 둘러싼 자연의 곤경이 없어지지 않기 때문이다."(69).

136) L. Wittgenstein, Tagebuch, 1916년 6월 8일.

/옮/기/고/나/서/

완전한 자유를 꿈꾸며*

모처럼 비가 많이 내린다. 하루 종일 집 밖으로 나가지 않아도 되는 '행복한' 처지라서 날씨가 맑으나 궂으나 그것은 사는 데 아무 영향을 주지 않을 것 같았으나, 저녁녘이 되어 불쑥 마음이 비를 맞는다. 비가 오는 날이면 가끔 우산 없이 입던 옷을 그대로 입고 일부러 밖으로 나가 세포 하나하나에 빗물이 가득 적셔 들 때까지 한참을 걷고 들어오던 젊을 적 친구가 오늘 갑자기 생각난다. 아주 정상적인 그가 그럴 때면 그토록 이상하게 느껴졌는데도, 너 왜 그러냐고 어떻게 물어볼 수는 없었는데, 오늘 따라 왠지 바깥 굵은 빗줄기와 몇 십 년 전 그 친구가 겹쳐 보인다.

저항하고 싶었을 것이다. 현실 세상에 조금씩 눈을 뜨면서 부자유와 부조리한 고통에 저항하고 싶었을 것이다. 사랑과 진지함에 조금씩 웃음을 잃으면서 고독과 외로움에 저항하고 싶었을 것이다. 현실을 빗물에 깨끗이 씻고, 마음에 담긴 자유와 사랑으로 새 현실을 만들고 싶었을 것이다. 정말 그러고 싶었을 것이다.

중풍으로 손발을 못 쓰게 된 노인들, 뇌성마비로 몸을 가누지 못하는 어린아이들과 미사를 드리면서 불현듯 그런 젊은 저항이, 세월에 밀려 무덤덤하게 뭉개진 마음 구석에서 다시 주제가 되어 나타난다. 손가락 하나 움직이는 것을 그토록 힘들어하는 이 노인들의 인간 존엄성은 어디로 갔는가? 태어날 때부터 그런 불능을 타고난 아이들의, 비존재非存在가 존재보다 더 나을 것 같은 이 소외는 또 어쩌면 좋은가? 저항하고 싶다. 고통에 저항하고, 육체의 무력에 저항하고 싶다. 노쇠에 저항하고 죽음에 저항하고 싶다. 인생의 부조리와 불합리에 저항하고 싶다. 신神에게밖에는 최종적인 책임을 그 누구에게도, 그 어디에도 지울 수 없을 것 같은 이 엄청난 저항!

그래서인지 수많은 사람이 이미 인생이 아플 때마다 신에게 저항했다. 어떤 이들의 저항은 신에 대한 부정과, 자신이 모든 것을 챙기려는 무기력한 이기利己였다. 어떤 이들의 저항은 자포자기와 냉소적 무관심이었다. 어떤 이들의 저항은 현실을 가리고, 대신 그럴 듯한 허상을 선전하는 위선이었다. 그러고는 다들 울었다.

위로하러 오신 예수님의 저항은 순종과 우정이었다. 순종이 저항일 수 있었다. 저항이 깊을수록 순종이 철저했다. 나비처럼 자유분방하게 공중을 날고 매처럼 날쌔게 하늘을 가르는 대신, 장대비에 온몸을 흠뻑 적셔 카타르시스를 느끼는 대신, 십자가에 자신을 못 박는 순종을 택했다. 역설적이게도 순종이 저항일 수 있었다. 그리고 예수님의 저항은 우정이었다. 아파하는 우리를 친구라 부르시고 순종하며 죽기까지 마음으로 사랑하셨다. 순종과 우정이 동일한 십자가의 세로축과 가로축을 이루었다. 그리고 새 현실을 꿈꾸는 사람들이 순종하신 예수님을 따라 우정으로 엮어졌다. '우정' 개념 자체를 바꾸는 것이야말로 순종에서 오는 힘 있는 저항이었다. 정신도 온전하지 못하고 육신도 볼품없기 그지없는, 현실이 버린 노인들을 땀을 뻘뻘 흘리면서도 웃으면서 수발하는 수도자의 자신 있는 동작은 순종하며 맞서는 무엇보다 강한 저항이었다.

순종을 배운다. 삶의 무력을 드러내기 위한 순종이 아닌, 현실의 폭력을 고발하기 위한 순종을 배운다. 비겁하기 위한 순종이 아닌, 떳떳하기 위한 순종을 배운다. 수도자의 순종을 배운다. 얽매이기 위한 순종이 아닌, 자유롭기 위한 순종을 배운다. 그 친구는 누군가의 말을 인용하며 말했었다. "이 세상에 단 한 사람이라도 자유롭지 못한 사람이 있는 한, 그것만으로도 나는 완전히 자유로울 수가 없어." 완전한 자유를 꿈꾸며 오늘도 철저한 순종을 배운다.

김진태

*『하늘의 태양은 땅으로 내려오고』(생활성서사, 2012), 100-103쪽.

자유의 의미에 대하여

제1판 제1쇄 펴낸날 • 2022년 8월 12일

지은이 • 에머리히 코레트
옮긴이 • 김진태
펴낸이 • 원종철
펴낸곳 • 가톨릭대학교출판부

주소 • 03083 서울시 종로구 창경궁로 296-12
전화 • 02-740-9718
전송 • 02-745-9793
전자우편 • cukpress@catholic.ac.kr
홈페이지 • http://press.catholic.ac.kr
인쇄제작 • 재영아트
등록번호 • 제300-1989-1호(1989년 1월 13일)

ISBN 978-89-7108-352-9 93160

값 15,000원